GSAT

삼성직무적성검사
5급 고졸

GSAT
삼성직무적성검사 5급 고졸

개정 4판 발행		2023년 3월 27일
개정 5판 발행		2025년 5월 9일

편 저 자 | 취업적성연구소

발 행 처 | ㈜서원각

등록번호 | 1999-1A-107호

주　　소 | 경기도 고양시 일산서구 덕산로 88-45(가좌동)

교재주문 | 031-923-2051

팩　　스 | 031-923-3815

교재문의 | 카카오톡 플러스 친구[서원각]

홈페이지 | goseowon.com

우리나라 기업들은 1960년대 이후 현재까지 비약적인 발전을 이루었다. 이렇게 급속한 성장을 이룰 수 있었던 배경에는 우리나라 국민들의 근면성 및 도전정신이 있었다. 그러나 빠르게 변화하는 세계 경제의 환경에 적응하기 위해서는 근면성과 도전정신 이외에 또 다른 성장 요인이 필요하다.

한국기업들이 지속가능한 성장을 하기 위해서는 혁신적인 제품 및 서비스 개발, 선도 기술을 위한 R&D, 새로운 비즈니스 모델 개발, 효율적인 기업의 합병·인수, 신사업 진출 및 새로운 시장 개발 등 다양한 대안을 구축해 볼 수 있다. 하지만, 이러한 대안들 역시 훌륭한 인적자원을 바탕으로 할 때에 가능하다. 최근으로 올수록 기업체들은 자신의 기업에 적합한 인재를 선발하기 위해 기존의 학벌 위주의 채용을 탈피하고 기업 고유의 인·적성검사 제도를 도입하고 있는 추세이다. 삼성그룹의 고졸채용 역시 이러한 맥락에서 볼 수 있다.

삼성그룹에서도 업무에 필요한 역량 및 책임감과 적응력 등을 구비한 인재를 선발하기 위하여 고유의 인·적성검사인 GSAT를 치르고 있다. 본서는 삼성그룹 5급 고졸 채용대비를 위한 필독서로 삼성그룹 인·적성검사의 출제경향을 철저히 분석하여 응시자들이 보다 쉽게 시험유형을 파악하고 효율적으로 대비할 수 있도록 구성하였다.

신념을 가지고 도전하는 사람은 반드시 그 꿈을 이룰 수 있습니다. 처음에 품은 신념과 열정이 취업 성공의 그 날까지 빛바래지 않도록 서원각이 수험생 여러분을 응원합니다.

STRUCTURE

01 핵심이론&기출문제 맛보기

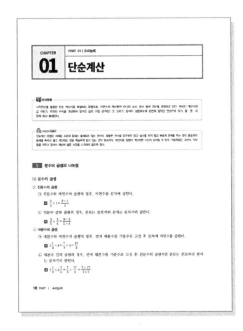

핵심 이론 정리

- 수리, 추리, 지각 과목별 출제 유형을 분석하여 반드시 알아야 할 핵심 이론을 수록하였습니다.
- 과목별 기출 예상 유형을 풀어보세요.

02 실력 다지기

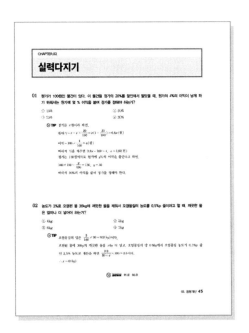

과목별 핵심예상문제

기출문제 맛보기로 어느 정도 출제 경향이 파악 되었다면, 실력 다지기를 통해 출제경향을 확실하게 익혀보세요.

03 확실한 실전 대비

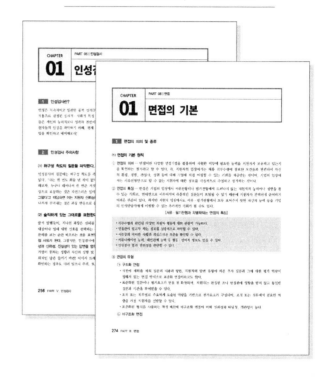

실전 모의고사 2회분

모의고사당 과목별 40문항을 수록하여 실전에 대비할 수 있도록 하였습니다. 자주 틀리는 유형을 중점적으로 학습해보세요.

04 인성 검사 Check, 면접 Check

인성검사(UK Test) 및 면접

인성검사 및 UK Test 개요 및 면접 기출을 수록하여 스터디에 도움을 줄 수 있도록 하였습니다. 수록된 실전 인성검사와 면접의 기본, 삼성 계열사별 면접 기출 등으로 완벽대비 해보세요.

CONTENTS

CONTENTS

01 기업소개 및 Q&A

❖ 삼성(Samsung) 소개

삼성은 사람과 사회를 생각하는 글로벌 일류기업을 추구한다. '경영이념, 핵심가치, 경영원칙'의 가치세계를 경영의 나침반으로 삼고, 인재와 기술을 바탕으로 최고의 제품과 서비스를 창출하여 인류사회에 공헌하는 것을 긍정적인 목표로 삼고 있다. 이를 위해 5가지 경영원칙을 세부원칙과 행동지침으로 구체화하여 삼성전자 임직원이 지켜야 할 행동규범으로 제정하였으며, 모든 임직원의 사고와 행동에 5가지 핵심가치를 내재화하여 삼성의 지속적인 성장을 견인하고 미래 방향성을 제시하고자 한다.

❖ 경영철학 및 목표

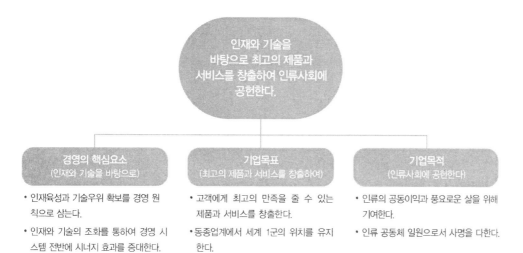

인재와 기술을
바탕으로 최고의 제품과
서비스를 창출하여 인류사회에
공헌한다.

경영의 핵심요소
(인재와 기술을 바탕으로)

- 인재육성과 기술우위 확보를 경영 원칙으로 삼는다.
- 인재와 기술의 조화를 통하여 경영 시스템 전반에 시너지 효과를 증대한다.

기업목표
(최고의 제품과 서비스를 창출하여)

- 고객에게 최고의 만족을 줄 수 있는 제품과 서비스를 창출한다.
- 동종업계에서 세계 1군의 위치를 유지한다.

기업목적
(인류사회에 공헌한다)

- 인류의 공동이익과 풍요로운 삶을 위해 기여한다.
- 인류 공동체 일원으로서 사명을 다한다.

❖ 경영원칙(삼성의 5가지 약속)

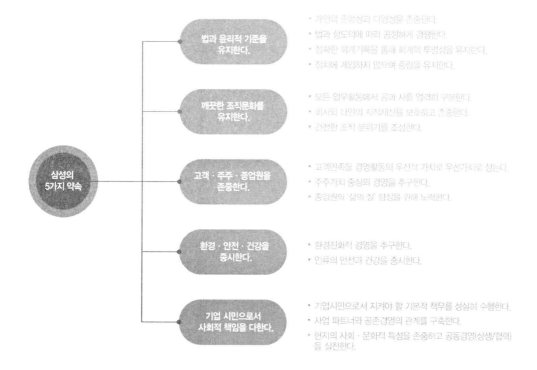

삼성의
5가지 약속

법과 윤리적 기준을 유지한다.

- 개인의 존엄성과 다양성을 존중한다.
- 법과 상도의에 따라 공정하게 경쟁한다.
- 정확한 회계기록을 통해 회계의 투명성을 유지한다.
- 정치에 개입하지 않으며 중립을 유지한다.

깨끗한 조직문화를 유지한다.

- 모든 업무활동에서 공과 사를 엄격히 구분한다.
- 회사와 타인의 지적재산을 보호하고 존중한다.
- 건전한 조직 분위기를 조성한다.

고객 · 주주 · 종업원을 존중한다.

- 고객만족을 경영활동의 우선적 가치로 우선가치로 삼는다.
- 주주가치 중심의 경영을 추구한다.
- 종업원의 '삶의 질' 향상을 위해 노력한다.

환경 · 안전 · 건강을 중시한다.

- 환경친화적 경영을 추구한다.
- 인류의 안전과 건강을 중시한다.

기업 시민으로서 사회적 책임을 다한다.

- 기업시민으로서 지켜야 할 기본적 책무를 성실히 수행한다.
- 사업 파트너와 공존경영의 관계를 구축한다.
- 현지의 사회 · 문화적 특성을 존중하고 공동경영(상생/협력)을 실천한다.

❖ 핵심가치

삼성의 기업정신 중에서도 가장 핵심이며 모든 삼성인의 사고와 행동에 깊이 체화된 신조로, 창업이념과 삼성정신, 경영이념과 삼성인의 정신, 신경영 등을 통해 계승되고 내재되어 있던 기업정신을 오늘의 시점에 맞게 재해석한 것이 핵심가치이다. 핵심가치는 내일을 위한 삼성을 하나로 결속시키는 구심점이자 삼성의 지속적인 성장을 견인하고 성공신화를 창조하게 하는 성공 DNA이기도 하다.

✦ 인재제일(人材第一) : 삼성의 인재에 대한 믿음 ✦

기업은 사람이다.

인재를 중시하고 키우는 기업문화, '기업이 곧 사람'이라는 신념을 바탕으로 모든 사람이 각자 고유한 역량과 잠재력을 가진 우수한 인재이며 세상을 움직이는 원동력임을 믿는다.

✦ 최고지향(最高指向) : 삼성을 움직이는 의지의 표현 ✦

모든 분야에서 최고를 추구한다.

삼성의 역사는 국내에서 세계를, 일류에서 초일류를 지향해 온 최고지향의 역사이다. 항상 최고에 도전하고 세계최고를 향한 경쟁에서 당당히 승리하기 위해 노력한다.

✦ 변화선도(變化先導) : 삼성의 미래를 창조하는 자세 ✦

늘 앞선 변화를 선도한다.

삼성은 현실안주를 퇴보로 인식하고 끊임없는 변화와 혁신을 추구해온 기업이다. 시대의 흐름을 파악하고 앞선 변화를 통한 창조적인 혁신을 추구한다.

✦ 정도경영(正道經營) : 삼성인의 곧은 마음가짐 ✦

언제나 바른길을 간다.

삼성은 정과 도를 명확히 구분하여 부정 없는 깨끗한 조직풍토를 유지하는 문화를 가지고 있다. 고객과 사회로의 신뢰와 기본과 원칙에 따른 마음가짐을 중시한다.

✦ 상생추구(相生追求) : 삼성의 철학 ✦

모두의 이익에 기여를 생각한다.

삼성은 이윤뿐만 아니라 고객, 임직원, 주주, 협력업체를 먼저 생각하는 상생정신을 가지고 있다. 국가와 지역사회의 공헌과 인류의 공동의 발전을 위해 노력한다.

❖ Q&A

Q 삼성직무적성검사가 무엇인가요?

A 삼성직무적성검사는 단편적인 지식보다는 주어진 상황을 유연하게 대처하고 해결할 수 있는 종합적인 능력을 평가하는 검사입니다. GSAT에서는 전 회사 인재상에 부합하는 맞춤형 인력을 추리게 됩니다.

Q 무엇을 준비해야 하나요?

A 연구개발 · 기술 · S/W직군은 수학, 물리 등의 기초과목을 비롯해 전공과목을 심화과정까지 깊이 있게 공부하면 도움이 됩니다. 영업마케팅 · 경영지원 직군은 직무와 관련된 과목을 수강하고, 다양한 활동 경험을 쌓는 것이 도움이 됩니다.

Q 주로 보는 내용은 무엇인가요?

A 지원서에 작성하는 전공과목 이수내역과 직무관련 활동경험, 에세이 등을 통해서 지원자가 해당직무에 대한 역량을 쌓기 위해 노력하고 성취한 내용을 보게 됩니다. 직무와 무관한 스펙은 일체 반영되지 않습니다. 특히, 연구개발 · 기술 · S/W직군은 전공 이수과목의 수와 난이도, 취득성적 등 전공능력을 종합적으로 평가하여 전공을 충실히 이수한 지원자를 우대합니다.

Q 공채 프로세스는 어떻게 되나요?

A '지원서 접수 → 직무적합성평가 → 직무적성검사(GSAT) → 종합면접 → 채용건강검진' 등의 순으로 진행됩니다.

Q 삼성의 인재상은 무엇인가요?

A 삼성은 학력, 성별, 국적, 종교를 차별하지 않고 미래를 이끌어 나갈 인재와 함께 합니다.

PASSION(열정)
끊임없는 열정으로 미래에 도전하는 인재

Creativity(창의혁신)
창의와 혁신으로 세상을 변화시키는 인재

Integrity(인간미 · 도덕성)
정직과 바른 행동으로 역할과 책임을 다하는 인재

02 관련 기사

삼성의 흐름을 확인해보세요.

삼성전자, KDDI 리서치와 AI 기반 분산형 MIMO 공동

삼성전자, 스위스 법인인 '보트뉴로'와 공동으로 갤럭시 탭 S8+를 통해 알츠하이머 진단 솔루션 개발에 관한 연구를 진행했다. 양사는 MIMO(다중 입출력) 시스템에 AI를 적용해 다수 셀을 활용하는 분산형 MIMO(D-MIMO) 네트워크의 성능을 향상시키는 기술을 개발할 계획이다. 기존 단일 셀 방식과 달리, 다수 셀 간 송수신 경로 구성과 동기화가 필요한 D-MIMO에 AI를 적용해 통신 커버리지 경계 지역에서도 사용자 체감 품질을 높이고 네트워크 운용 효율을 개선하는 것이 목표다.

삼성전자와 KDDI 리서치는 이를 통해 6G 시대에 요구되는 초고속, 초저지연, 초연결 환경을 구현하기 위한 핵심 기술 경쟁력을 확보할 방침이다. 특히, 이번 협력은 AI 기술을 네트워크 설계 및 운영 전반에 본격 적용하는 시도로, 차세대 무선 통신 패러다임 변화에 중요한 이정표가 될 것으로 기대된다.

삼성전자는 AI-RAN 얼라이언스, 넥스트 G 얼라이언스(NGA) 등 글로벌 협의체를 통해 AI 기반 6G 연구를 강화하고 있으며, 지난해 11월 실리콘밸리에서 미래 통신 서밋을 개최하고, 올해 2월에는 'AI 내재화 · 지속가능한 통신 서비스'를 주제로 한 6G 백서를 발간했다.

(25.03.기준)

삼성전자, 갤럭시 S25에 양자 내성 암호 기술 적용

삼성전자가 갤럭시 S25 시리즈에 차세대 모바일 보안 기술인 양자 내성 암호(PQC)를 업계 최초로 탑재한다. 양자 컴퓨팅이 기존 암호 체계를 무력화할 가능성에 대비해, ML-KEM 기반 알고리즘을 적용해 종단간 암호화 보호를 강화한 것이 핵심이다.

특히, 클라우드 데이터를 포함한 연결된 기기 생태계 전반에 녹스 매트릭스를 기반으로 한 PQ EDP(Post-Quantum Enhanced Data Protection) 기능을 도입해, 보안성을 한층 높였다. 이를 통해 스마트폰, TV 등 다양한 디지털 기기의 백업 및 동기화 데이터도 양자 위협으로부터 안전하게 보호할 수 있다. PQ EDP 기능은 One UI 7을 탑재한 갤럭시 S25 시리즈에 처음 적용됐으며, 앞으로 삼성전자는 PQC 기술을 기반으로 한 새로운 디지털 보안 환경 구축을 지속 확대할 계획이다.

또한 삼성전자는 미국 국립표준기술연구소(NIST)의 PQC 표준 기술을 적극 반영해 국제적 보안 기준에 부합하는 솔루션을 제공하고 있다. 양자 컴퓨팅 상용화가 본격화되기 전에 선제적으로 대응함으로써, 잠재적 데이터 탈취 공격인 '선 수집, 후 해독(Harvest Now, Decrypt Later)' 위협에도 대비할 수 있게 됐다.

이번 전략은 단순한 스마트폰 보안을 넘어, 미래의 모든 연결 기기와 클라우드 인프라 전반을 양자 시대에 맞게 준비하려는 장기적 비전의 일환이다. 삼성전자는 앞으로도 사용자가 안심하고 '연결된 세상'을 누릴 수 있도록, 차세대 보안 기술 투자와 연구를 꾸준히 이어갈 방침이다.

(25.02.기준)

삼성전자, AI-RAN 기술 시연으로 통신·AI 융합 기술 본격화

삼성전자가 통신 시스템 전반에 AI 기술을 내재화하는 AI-RAN 기술을 시연하며 미래 통신 준비에 속도를 내고 있다.

RAN(Radio Access Network)은 휴대폰과 코어 네트워크를 연결하는 핵심 구간으로, 사용자 경험과 네트워크 에너지 효율성에 직접적인 영향을 미친다.

또한 전체 통신 네트워크 에너지 소비 중 RAN이 가장 큰 비중을 차지하는 만큼, AI를 통한 최적화 필요성이 갈수록 커지고 있다.

삼성전자는 라디오 유닛, 디지털 유닛, 시스템 운용 전반에 AI를 적용해 ▲기지국 데이터 처리량 ▲통신 범위 ▲에너지 효율성을 향상시키는 성과를 거뒀다.

특히 무선 채널 상태를 AI로 정확하게 예측해 데이터 전송 효율을 높였고, 송신 신호 세기에 따라 전력 사용을 최적화해 기존 대비 뛰어난 에너지 절감 효과도 입증했다.

이번 AI-RAN 기술 시연은 지난해 11월 실리콘밸리 미래 통신 서밋에서 진행됐으며, 글로벌 통신 사업자들은 삼성전자의 선도적 기술력에 긍정적인 평가를 보냈다.

버라이즌, NTT 도코모, KDDI 리서치, 소프트뱅크 등 주요 사업자들은 AI-RAN 기술이 6G 대비와 상용화에 기여할 것으로 기대감을 나타냈다.

특히 AI를 통한 통신 성능 개선과 에너지 절감 가능성에 주목하며, 향후 다양한 적용 사례로 확장될 수 있음을 높이 평가했다.

또한 엔비디아, 키사이트, 비아비, 로데&슈바르츠, 에머슨 등 글로벌 기술 파트너들도 삼성과의 협력을 통해 AI가 무선 네트워크 성능 향상에 미치는 긍정적 영향을 확인했다.

파트너사들은 AI를 기반으로 한 기지국 데이터 처리량 개선, 수신기 성능 향상, 에너지 최적화 가능성에 대한 기대감을 함께 밝혔다.

삼성전자는 앞으로도 AI-RAN 얼라이언스를 비롯한 업계 협의체 활동을 강화하고, AI 기반 차세대 통신 기술 실현을 주도해 나갈 계획이다.

(24.12.기준)

PART 분석

- 수리능력은 크게 단순계산, 대소비교, 응용계산, 자료해석 등의 유형으로 구성된다.
- 단순계산은 사칙연산을 활용한 단순 계산식을 해결하는 유형으로, 자연수의 계산뿐만 아니라 소수, 분수 등의 계산을 포함한다.
- 대소비교는 분수 또는 단순한 수식의 크기를 비교하는 유형의 문제이다.
- 응용계산은 속도, 농도, 일의 양 등 간단한 공식과 1차 방정식을 활용하여 해결할 수 있는 문제 유형이다.
- 자료해석은 통계, 그래프, 도표 등 주어진 자료를 분석하여 문제를 해결하는 유형이다.

1 분수의 곱셈과 나눗셈

(1) 분수의 곱셈

① 진분수의 곱셈

ㄱ 진분수와 자연수의 곱셈의 경우, 자연수를 분자에 곱한다.

예 $\dfrac{2}{3} \times 1 = \dfrac{2 \times 1}{3}$

ㄴ 진분수 간의 곱셈의 경우, 분모는 분모끼리 분자는 분자끼리 곱한다.

예 $\dfrac{3}{5} \times \dfrac{3}{4} = \dfrac{3 \times 3}{5 \times 4}$

② 대분수의 곱셈

ㄱ 대분수와 자연수의 곱셈의 경우, 먼저 대분수를 가분수로 고친 후 분자에 자연수를 곱한다.

예 $2\dfrac{1}{3} \times 3 = \dfrac{7}{3} \times 3 = \dfrac{21}{3}$

ㄴ 대분수 간의 곱셈의 경우, 먼저 대분수를 가분수로 고친 후 진분수의 곱셈처럼 분모는 분모끼리 분자는 분자끼리 곱한다.

예 $2\dfrac{1}{3} \times 3\dfrac{2}{5} = \dfrac{7}{3} \times \dfrac{17}{5} = \dfrac{7 \times 17}{3 \times 5}$

(2) 분수의 나눗셈

① 분모가 같은 진분수의 나눗셈의 경우, 분모는 신경 쓰지 않고 분자끼리 나눈다.

예 $\dfrac{4}{5} \div \dfrac{2}{5} = 4 \div 2$

② 분모가 다른 분수의 나눗셈의 경우, 나누어지는 수에 나누는 수의 역수를 곱한다.

예 $\dfrac{3}{4} \div \dfrac{2}{3} = \dfrac{3}{4} \times \dfrac{3}{2}$

③ 분수와 자연수의 나눗셈의 경우, 분수는 역수를 만들어 곱하며 자연수는 분자가 1인 역수를 만들어 곱한다.

예 $2 \div \dfrac{3}{4} = 2 \times \dfrac{4}{3}$, $\dfrac{3}{4} \div 2 = \dfrac{3}{4} \times \dfrac{1}{2}$

2 할·푼·리

할·푼·리에서 할은 기준량을 10으로, 푼은 기준량을 100으로, 리는 기준량을 1000으로 하는 비율로, 이를 소수로 나타내었을 때, 소수 첫째 자리, 소수 둘째 자리, 소수 셋째 자리를 이르는 말이다. 0.524는 5할 2푼 4리로, 35%는 3할 5푼으로 표현할 수 있다. 할·푼·리 계산의 경우 소수나 분수로 나타낸 후 계산하는 것이 수월하다.

예 5의 8할을 구하시오.

5×0.8 또는 $5 \times \dfrac{8}{10}$

3 여러 가지의 수

① **약수** : 배수들을 나누어서 자연수가 더 이상 나누어 지지 않는 수를 의미한다.

② **배수** : 약수들의 곱을 의미한다.

③ **소인수분해** : 자연수를 소인수의 곱으로 나타낸 것이다.

④ **최대공약수** : 소인수분해를 한 자연수의 공통인수를 곱하여 구하는 값을 의미한다.

⑤ **최소공배수** : 소인수분해를 한 자연수의 자연수에 포함된 인수를 곱하여 구하는 값을 의미한다.

⑥ **거듭제곱근** : $x^n = a$에서 n이 2이상의 자연수일 때 a는 x의 n제곱근을 하여 나오는 수를 의미한다.

예 $\sqrt[3]{-8} = (-8)^{\frac{1}{3}} = -2$, $\sqrt[6]{64} = 64^{\frac{1}{6}} = 2$, $\sqrt{144} = \sqrt{12^2} = 12$

기출문제 맛보기

┃01 ~ 02┃ 다음 식을 계산하여 알맞은 답을 고르시오.

01

$$830 \times 2푼$$

① 166
② 16.6
③ 41.5
④ 4.15

> **Advice**
> 2푼 = 0.02
> ∴ 830 × 0.02 = 16.6
>
> **답** ②

02

$$12 + 12^2 \div 6$$

① 21
② 26
③ 31
④ 36

> **Advice**
> 사칙연산은 +, −보다 ×, ÷를 먼저 계산해야 한다.
> ∴ $12 + 12^2 \div 6 = 12 + 24 = 36$
>
> **답** ④

03

$$270 - 224 \div (\quad) = 158$$

① 2　　　　　　　　　　　　② 4

③ 8　　　　　　　　　　　　④ 14

📋 **Advice**

$270 - 224 \div 2 = 270 - 112 = 158$

답 ①

04

$$12 + 10(\quad)3 = 42$$

① +　　　　　　　　　　　　② −

③ ×　　　　　　　　　　　　④ ÷

📋 **Advice**

$12 + 10 \times 3 = 12 + 30 = 42$

답 ③

05

$$57 \div (\quad) - 5 = 14$$

① 3　　　　　　　　　　　　② 8

③ 10　　　　　　　　　　　④ 15

📋 **Advice**

$57 \div 3 - 5 = 14$

답 ①

실력다지기

| 01 ~ 13 | 다음 식을 계산하여 알맞은 답을 고르시오.

01

$$73.37 + 45.02 - 68.91$$

① 46.74   ② 49.48

③ 51.27   ④ 53.89

     ✅**TIP** $73.37 + 45.02 - 68.91 = 49.48$

02

$$85.97 - 65.12 + 25.03$$

① 45.88   ② 47.18

③ 50.23   ④ 51.21

     ✅**TIP** $85.97 - 65.12 + 25.03 = 45.88$

03

$$\frac{7}{13} + \frac{9}{4} \times \frac{12}{39}$$

① $\frac{4}{13}$ ② $\frac{7}{13}$

③ $\frac{12}{13}$ ④ $\frac{16}{13}$

     ✅**TIP** $\frac{7}{13} + \frac{9}{4} \times \frac{12}{39} = \frac{7}{13} + \frac{9}{13} = \frac{16}{13}$

04

$$\frac{5}{15} \times \frac{20}{3} \div \frac{15}{7}$$

① $\frac{17}{20}$

② $\frac{18}{21}$

③ $\frac{28}{27}$

④ $\frac{27}{29}$

✓TIP $\frac{5}{15} \times \frac{20}{3} \times \frac{7}{15} = \frac{1}{3} \times \frac{4}{3} \times \frac{7}{3} = \frac{28}{27}$

05

$$645 \times 0.86 \times 3^{-1}$$

① 179.7

② 181.6

③ 184.9

④ 185.9

✓TIP $645 \times 0.86 \times 3^{-1} = 184.9$

06

$$215 \times 0.5 \times (5^3)^{-1}$$

① 5

② 0.54

③ 0.74

④ 0.86

✓TIP $215 \times 0.5 \times \frac{1}{125} = 107.5 \times \frac{1}{125} = 0.86$

✓Answer 01.② 02.① 03.④ 04.③ 05.③ 06.④

07

$$167{,}800 \times 85\%$$

① 142,630   ② 147,324

③ 151,463   ④ 157,587

✓**TIP** $167{,}800 \times 85\% = 167{,}800 \times \dfrac{85}{100} = 142{,}630$

08

$$\dfrac{13}{24} + \dfrac{5}{6} - \dfrac{1}{4}$$

① $\dfrac{1}{2}$ ② $\dfrac{2}{3}$

③ $\dfrac{5}{6}$ ④ $\dfrac{9}{8}$

✓**TIP** $\dfrac{13}{24} + \dfrac{5}{6} - \dfrac{1}{4} = \dfrac{13 + 20 - 6}{24} = \dfrac{27}{24} = \dfrac{9}{8}$

09

$$\dfrac{5}{8} \times 7^2 \times \dfrac{24}{56}$$

① $\dfrac{25}{2}$ ② $\dfrac{105}{8}$

③ $\dfrac{27}{2}$ ④ 14

✓**TIP** $\dfrac{5}{8} \times 7^2 \times \dfrac{24}{56} = \dfrac{5 \times 7 \times 3}{8} = \dfrac{105}{8}$

10

$$37 + 49 \div 7 + 2 \times 16$$

① 65   ② 72

③ 76   ④ 84

    ✅**TIP** $37 + 49 \div 7 + 2 \times 16 = 37 + 7 + 32 = 76$

11

$$2^2 \times 6^2 \times 3^{-2} \times 4$$

① 64   ② 192

③ 32   ④ 96

    ✅**TIP** $2^2 \times 6^2 \times 3^{-2} \times 4 = 2^2 \times 2^2 \times 4 = 64$

12

$$\sqrt{144} + \sqrt{169} - \sqrt{196}$$

① 10   ② 11

③ 12   ④ 13

    ✅**TIP** $\sqrt{12^2} + \sqrt{13^2} - \sqrt{14^2} = 12 + 13 - 14 = 11$

13

$$(\sqrt{3})^2 + \sqrt{(-2)^2}$$

① 0   ② 1

③ 3   ④ 5

    ✅**TIP** $(\sqrt{3})^2 + \sqrt{(-2)^2} = (\sqrt{3})^2 + \sqrt{4} = (\sqrt{3})^2 + \sqrt{2^2} = 3 + 2 = 5$

✅ **Answer** 07.① 08.④ 09.② 10.③ 11.① 12.② 13.④

14

$$25 \times 4 - (\quad) = 79$$

① 21   ② 25

③ 29   ④ 33

> ✅**TIP** $100 - (21) = 79$

15

$$15 \times 17 \div (\quad) = 85$$

① 2   ② 3

③ 4   ④ 6

> ✅**TIP** $15 \times 17 \div (3) = 85$

16

$$35 \times (\quad) - 92 = 188$$

① 4   ② 6

③ 8   ④ 10

> ✅**TIP** $35 \times (8) - 92 = 188$

17

$$75 \div (\quad) + 15 = 40$$

① 3   ② 5

③ 9   ④ 13

> ✅**TIP** $75 \div (3) + 15 = 40$

▮18～22▮ 다음 계산식 중 계산하여 얻어진 값이 가장 큰 것을 고르시오.

18 ① 52 + 18 + 21　　　　　② 43 + 25 + 32
　　 ③ 47 + 20 + 25　　　　　④ 50 + 23 + 25

　　 ✓**TIP** ① 91 　② 100 　③ 92 　④ 98

19 ① 14 + 23 + 4　　　　　② 18 + 11 + 19
　　 ③ 9 + 7 + 26　　　　　　④ 10 + 15 + 20

　　 ✓**TIP** ① 41 　② 48 　③ 42 　④ 45

20 ① 92 + 87 + 120　　　　② 102 + 110 + 79
　　 ③ 110 + 97 + 90　　　　④ 99 + 98 + 100

　　 ✓**TIP** ① 299 　② 291 　③ 297 　④ 297

21 ① 325 + 242 + 175　　　② 425 + 263 + 50
　　 ③ 175 + 198 + 380　　　④ 302 + 307 + 110

　　 ✓**TIP** ① 742 　② 738 　③ 753 　④ 719

22 ① 121 + 208 + 301　　　② 320 + 409 + 16
　　 ③ 91 + 195 + 164　　　　④ 410 + 21 + 127

　　 ✓**TIP** ① 630 　② 745 　③ 450 　④ 558

┃ 23 ~ 27 ┃ 다음 계산식 중 계산하여 얻어진 값이 가장 작은 것을 고르시오.

23 ① 50 + 27 + 14   ② 25 + 11 + 43

　　 ③ 34 + 95 + 5   ④ 8 + 45 + 28

　　 ✅ **TIP** ① 91 ② 79 ③ 134 ④ 81

24 ① 21 + 11 + 50   ② 46 + 7 + 15

　　 ③ 76 + 11 + 3   ④ 44 + 37 + 9

　　 ✅ **TIP** ① 82 ② 68 ③ 90 ④ 90

25 ① 11 + 79 + 20   ② 22 + 31 + 16

　　 ③ 4 + 17 + 66   ④ 22 + 36 + 7

　　 ✅ **TIP** ① 110 ② 69 ③ 87 ④ 65

26 ① 55 + 3 + 25   ② 33 + 8 + 49

　　 ③ 75 + 11 + 3   ④ 22 + 67 + 36

　　 ✅ **TIP** ① 83 ② 90 ③ 89 ④ 125

27 ① 115 + 237 + 321   ② 256 + 91 + 345

　　 ③ 265 + 110 + 396   ④ 197 + 374 + 126

　　 ✅ **TIP** ① 673 ② 692 ③ 771 ④ 697

│28~29│ 다음 등식이 성립하도록 괄호 안에 해당하는 연산기호를 고르시오.

28

$$75 + 6 (\quad) 50 = 31$$

① +   ② −
③ ×   ④ ÷

☑TIP $75 + 6 (-) 50 = 31$

29

$$26 (\quad) 7 - 75 = 107$$

① +   ② −
③ ×   ④ ÷

☑TIP $26 (\times) 7 - 75 = 107$

Answer 23.② 24.② 25.④ 26.① 27.① 28.② 29.③

30 20의 8할은 얼마인가?

① 16   ② 16.5

③ 18   ④ 18.6

⊘ **TIP** 할, 푼, 리는 비율을 소수로 나타내는 데 사용되는 단위로 할은 0.1(10%), 푼은 0.01(1%), 리는 0.001(0.1%)을 나타낸다. 20의 8할은 $20 \times 0.8 = 16$이다.

31 5의 2푼은 얼마인가?

① 1   ② 0.1

③ 0.01   ④ 0.001

⊘ **TIP** $5 \times 0.02 = 0.1$

32 19의 5할 1푼 2리는 얼마인가?

① 9   ② 9.462

③ 9.728   ④ 9.864

⊘ **TIP** $19 \times 0.512 = 9.728$

33 $x = 2$일 때, $3x - 1$의 값은?

① 5   ② 6

③ 7   ④ 8

⊘**TIP** $3x - 1$에 $x = 2$를 대입하면 $(3 \times 2) - 1 = 5$이다.

34 일차방정식 $3x - 5 = 2x - 3$의 해는?

① 2   ② 4

③ 6   ④ 8

⊘**TIP** 미지항은 좌변으로 상수항은 우변으로 이동시켜 정리하면
$3x - 2x = -3 + 5$이므로(∵이동 시 부호가 반대)
$x = 2$이다.

35 $x = 7$일 때, $x^2 + 2x + 7$의 값은 얼마인가?

① 63   ② 70

③ 77   ④ 82

⊘**TIP** $7^2 + (2 \times 7) + 7 = 70$이다.

⊘**Answer** 30.① 31.② 32.③ 33.① 34.① 35.②

대소비교

📖 출제경향

분수 또는 단순한 수식의 크기를 비교하는 유형의 문제이다. 난도가 높지 않은 단순 대소비교 유형의 비중이 가장 높으며, 단위를 환산하여 크기를 비교하는 문제, 도형의 모서리 또는 꼭짓점의 개수를 비교하는 문제도 출제된다. 또 다른 형태의 대소비교 유형으로는 단위의 변환이 있다.

✉ CHECK POINT

대소비교는 서로 다른 분수의 크기가 큰 것을 고르는 것이 자주 나온다. 대분수를 가분수로 만드는 통분을 통해 분모가 다른 분수의 크기를 빠르게 비교하는 방법을 알아두면 시간을 더욱 빠르게 풀 수 있다. 또한 난이도가 상승하면서 단위를 다르게 지정하여 비교하는 문제도 자주 출제되므로 단위변화에 따라 변하는 수를 명확하게 알고 있는 것이 중요하다.

1 대표적 유형과 예시

유형	예시
자연수 문제	Q. 다음 주어진 A와 B의 크기를 비교하시오. $A : 150$ $B : 540$
소수 문제	Q. 다음 주어진 A와 B의 크기를 비교하시오. $A : 1.815$ $B : 3.846$
분수 문제	Q. 다음 주어진 A와 B의 크기를 비교하시오. $A : \dfrac{3}{5}$ $B : \dfrac{7}{9}$
계산 문제	Q. 다음 주어진 A와 B의 크기를 비교하시오. $A : 11.7 \div 2.1 \times 4$ $B : 4.2 \times 6 + 12$
도형 문제	Q. 다음 주어진 A와 B의 크기를 비교하시오. A : 정육면체의 모서리의 수 B : 정팔면체의 '꼭짓점' 수

2 단위변환

길이, 넓이, 부피, 무게, 시간, 속도 등에 따른 단위를 이해하고, 단위가 달라짐에 따라 해당 값이 어떻게 변하는지 환산할 수 있는 능력을 평가한다. 소수점 계산 및 자릿수를 읽고 구분하는 능력을 요하기도 한다. 기본적인 단위환산을 기억해 두는 것이 좋다.

① 길이 : 한끝에서 다른 한끝까지의 거리를 의미한다.

② 넓이 : 일정한 평면에 걸쳐져 있는 범위의 크기를 의미한다.

③ 부피 : 넓이와 높이를 가진 물건이 공간에 점유하는 크기를 의미한다.

④ 들이 : 통이나 그릇 따위의 안에 수용이 가능한 물건의 부피 최댓값을 의미한다.

⑤ 무게 : 물건이 무거운 정도를 나타낸다.

⑥ 시간 : 하루의 24분의 1이 되는 동안을 세는 단위를 의미한다.

⑦ 할푼리 : 소수점 자리 수를 의미한다.

구분	단위환산
길이	1cm = 10mm 1m = 100cm = 1,000mm 1km = 1,000m = 100,000cm = 1,000,000mm
넓이	$1cm^2 = 100mm^2$ $1m^2 = 10,000cm^2 = 1,000,000mm^2$ $1km^2 = 1,000,000m^2$ $1m^2 = 0.01a = 0.0001ha$
부피	$1cm^3 = 1,000mm^3$ $1m^3 = 1,000,000cm^3 = 1,000,000,000mm^3$ $1km^2 = 1,000,000m^2$ $1km^3 = 1,000,000,000m^3$
들이	$1m\ell = 1cm^3$ $1d\ell = 100cm^3 = 100m\ell$ $1L = 1,000cm^3 = 10d\ell$
무게	1kg = 1,000g 1t = 1,000kg = 1,000,000g
시간	1분 = 60초 1시간 = 60분 = 3,600초
할푼리	1푼 = 0.1할 1리 = 0.01할 1모 = 0.001할

기출문제 맛보기

|01 ~ 04| 다음 주어진 A, B의 크기를 비교하시오.

01

$A : \dfrac{25}{3}$	$B : \dfrac{27}{4}$

① $A > B$ ② $A < B$

③ $A = B$ ④ 알 수 없다.

> **📝 Advice**
>
> $A : \dfrac{25}{3} = \dfrac{100}{12}$ $B : \dfrac{27}{4} = \dfrac{81}{12}$
>
> $\therefore A > B$
>
> **답** ①

02

$A : \sqrt{8} - 1$	$B : 2$

① $A > B$ ② $A < B$

③ $A = B$ ④ 알 수 없다.

> **📝 Advice**
>
> $2 < \sqrt{8} < 3$
>
> $\Rightarrow 1 < \sqrt{8} - 1 < 2$
>
> $\therefore A < B$
>
> **답** ②

03

> A : 228과 209의 최대공약수
>
> B : 4와 10의 최소공배수

① $A > B$　　　　　　　　　② $A < B$

③ $A = B$　　　　　　　　　④ 알 수 없다.

Advice

A : $228 = 2^2 \times 3 \times 19$, $209 = 11 \times 19$이므로 두 수의 최대공약수는 19이다.

B : 4와 10의 최소공배수는 $2 \times 2 \times 5 = 20$이다.

$\therefore A < B$

답 ②

04

> $a = 2b + 3$일 때,
>
> $A : 3a - b + 5$　　　　　　　　　　$B : a + 3b - 7$

① $A > B$　　　　　　　　　② $A < B$

③ $A = B$　　　　　　　　　④ 알 수 없다.

Advice

$a = 2b + 3 \Rightarrow a - 2b = 3$

$\begin{aligned} A - B &= (3a - b + 5) - (a + 3b - 7) \\ &= 2a - 4b + 12 \\ &= 2(a - 2b) + 12 \\ &= 2 \times 3 + 12 = 18 > 0 \end{aligned}$

$\therefore A > B$

답 ①

실력다지기

┃01 ~ 10┃ 다음 주어진 A, B의 크기를 비교하시오.

01

• A : 3할 5리	• B : 0.312

① $A > B$ ② $A < B$

③ $A = B$ ④ 비교할 수 없다.

   ✅TIP $A : 0.305$, $B : 0.312$

        $\therefore A < B$

02

• $A : \dfrac{235}{12}$	• $B : \dfrac{245}{13}$

① $A > B$ ② $A < B$

③ $A = B$ ④ 비교할 수 없다.

   ✅TIP $A : \dfrac{235}{12} = 19.6$, $B : \dfrac{245}{13} = 18.8$

        $\therefore A > B$

03

- $A : \dfrac{72}{12}$　　　　　　　　　　　　- $B : \dfrac{84}{14}$

① $A > B$　　　　　　　　② $A < B$

③ $A = B$　　　　　　　　④ 비교할 수 없다.

　TIP　$A : \dfrac{72}{12}=6, \ B : \dfrac{84}{14}=6$

　　　　$\therefore A = B$

04

- $A : \dfrac{38}{3}$　　　　　　　　　　　　- $B : \dfrac{43}{4}$

① $A > B$　　　　　　　　② $A < B$

③ $A = B$　　　　　　　　④ 비교할 수 없다.

　TIP　$A : \dfrac{152}{12}, \ B : \dfrac{129}{12}$

　　　　$\therefore A > B$

Answer 01.②　02.①　03.③　04.①

05

• $A : 3\frac{2}{5}$	• $B : 2\frac{7}{9}$

① $A > B$ 　　　　　　　　② $A < B$

③ $A = B$ 　　　　　　　　④ 비교할 수 없다.

✅**TIP**　$A : 3\frac{2}{5} = \frac{17}{5} = \frac{153}{45}$, $B : 2\frac{7}{9} = \frac{25}{9} = \frac{125}{45}$

　　　$\therefore A > B$

06

• $A : \frac{3}{5}$	• $B : \frac{6}{7}$

① $A > B$ 　　　　　　　　② $A < B$

③ $A = B$ 　　　　　　　　④ 비교할 수 없다.

✅**TIP**　$A : \frac{3}{5} = \frac{21}{35}$, $B : \frac{6}{7} = \frac{30}{35}$

　　　$\therefore A < B$

07

• $A : \sqrt{\frac{9}{49}}$	• $B : \frac{3}{7}$

① $A > B$ 　　　　　　　　② $A < B$

③ $A = B$ 　　　　　　　　④ 비교할 수 없다.

✅**TIP**　$\sqrt{\frac{9}{49}} = \sqrt{(\frac{3}{7})^2} = \frac{3}{7}$

　　　$\therefore A = B$

08

• $A : (-3)^2$	• $B : 9^{\frac{1}{2}}$

① $A > B$　　　　　　　　　　② $A < B$

③ $A = B$　　　　　　　　　　④ 비교할 수 없다.

✅**TIP** $A : (-3)^2 = 9$,　$B : 9^{\frac{1}{2}} = \sqrt{9} = 3$

∴ $A > B$

09

• $A : 10^{\text{m}}\!/\!s$	• $B : 3.6\text{km/h}$

① $A > B$　　　　　　　　　　② $A < B$

③ $A = B$　　　　　　　　　　④ 비교할 수 없다.

✅**TIP** $1^{\text{m}}\!/\!s$는 3.6km/h이므로, $10^{\text{m}}\!/\!s$는 36km/h이다.

∴ $A > B$

10

• A : 정이십면체 모서리의 수	• B : 정십이면체 모서리의 수

① $A > B$　　　　　　　　　　② $A < B$

③ $A = B$　　　　　　　　　　④ 비교할 수 없다.

✅**TIP** A : 30개,　B : 30개

※ 정다면체의 면, 꼭짓점, 모서리의 개수

구분	정사면체	정육면체	정팔면체	정십이면체	정이십면체
면	4	6	8	12	20
꼭짓점	4	8	6	20	12
모서리	6	12	12	30	30

✅ **Answer** 05.① 06.② 07.③ 08.① 09.① 10.③

응용계산

📖 출제경향

속도, 농도, 일의 양 등 간단한 공식과 1차 방정식을 활용하여 해결할 수 있는 문제 유형이다. 많은 비중을 차지하지는 않지만 확률이나 순열 · 조합, 수열 등의 문제가 출제되기도 한다.

✉ CHECK POINT

공식에 대학 암기와 학습이 필수적이다. 다양한 유형의 문제를 접하면서 공식을 다각도로 활용하는 방법을 익히는 것이 중요하다. 거리 · 속력 · 시간, 소금물 농도, 작업량, 할인율 구하는 공식은 자주 출제되므로 암기하고 있는 것이 중요하다. 다양한 유형으로 출제되므로 최대한 많이 풀어보면서 계산속도와 공식사용 방법을 익혀두는 것이 좋다.

1 속력

(1) 정의

속력은 물체가 얼마나 빨리 움직이는가를 나타내는 양이며 속력이 크면 클수록 물체가 더 빨리 움직이고 있음을 의미한다. 일상생활에서는 m/s 등이 주로 사용되는데 이는 물체가 일 초당 움직인 거리(m)를 나타낸다.

(2) 공식

① 거리 = 속력 × 시간

② 시간 = $\dfrac{\text{거리}}{\text{속력}}$

③ 속력 = $\dfrac{\text{거리}}{\text{시간}}$

2 일의 작업량

(1) 정의

시간에 따른 일의 작업량을 구하거나 일한 시간에 따라서 작업한 양을 구하는 것이다.

(2) 공식

① 시간당 작업량 = 작업량 ÷ 시간
② 작업량 = 시간당 작업량 × 시간

3 농도

(1) 정의

액체나 혼합기체와 같은 용액을 구성하는 성분의 양(量)의 정도로 용액이 얼마나 진하고 묽은지를 수치적으로 나타내는 방법이다.

① **질량백분율** : 용액 100g 속에 녹아 있는 용질의 그램(g)수로서 %로 나타낸다.

② **부피백분율** : 용액 100㎖ 속에 녹아 있는 용질의 ㎖수로 용질의 부피백분율을 나타낸다. 단, 알코올이나 물처럼 혼합에 의해서 부피에 변화가 생기는 경우에는 혼합하기 전의 부피를 기준으로 한다.

(2) 공식

식염의 양을 구한 후에 농도를 계산한다.

① 식염의 양(g) = 농도(%) × 식염수의 양(g) ÷ 100

② 구하는 농도 = $\dfrac{식염 \times 100(\%)}{식염 + 물\,(=식염수)}$ (%)

    ⊙ **식염수에 물을 더할 경우** : 분모에 $(+x\text{g})$의 식을 추가

    ⓒ **식염수에서 물을 증발시킬 경우** : 분모에 $(-x\text{g})$을 추가

    ⓒ **식염수에 식염을 더한 경우** : 분모, 분자 각각에 $(+x\text{g})$을 추가

4 확률

(1) 정의

하나의 사건이 일어날 수 있는 가능성을 수로 나타낸 것으로 같은 원인에서 특정의 결과가 나타나는 비율을 뜻한다.

(2) 공식

① **확률값** : 원인과 결과와의 계(系)를 사건이라고 하면 사건 A가 반드시 일어나는 경우, 사건 A의 확률 P(A)는 100%, 즉 1로 되고 그것이 절대로 일어나지 않으면 사건 A의 확률은 0이 된다. 따라서 일반적으로 사건 A의 확률이 1보다 커지는 경우는 없고 0보다 작아지는 경우도 없다. 확률의 값은 일반적으로 $0 \leq P(A) \leq 1$과 같이 표현된다.

② **덧셈정리** : A, B가 동시에 일어나지 않을 때, 즉 배반사건인 경우 A 또는 B의 어느 한쪽이 일어날 확률 P(A 또는 B)는 A 및 B가 일어날 확률의 합으로 된다. 즉, $P(A \cup B) = P(A) + P(B)$로서 표현된다.

③ **곱셈정리** : 사건 A와 B가 서로 무관계하게 나타날 때, 즉 독립사건일 때 A와 B가 동시에 나타날 확률 P(A와 B)는 $P(A \cap B) = P(A) \times P(B)$로서 표현된다.

5 할인율

(1) 정의
물건이 할인할 때 차감되는 비율을 의미한다.

(2) 공식
① 할인율(%) = {(정가 − 할인가) ÷ 정가} × 100

② 할인가 = 정가 × $(1 - \frac{할인율}{100})$

③ 정가 = 원가 × (1 + (이익률 ÷ 100))

6 순열과 조합

(1) 경우의 수
① 한 사건 A가 a가지 방법으로 일어나고 다른 사건 B가 b가지 방법으로 일어날 때
    ㉠ 사건 A, B가 동시에 일어나는 경우 c가지 있을 때 : a+b−c(가지)
    ㉡ 사건 A, B가 동시에 일어나지 않는 경우 : a+b(가지)
    ㉢ 한 사건 A가 a가지 방법으로 일어나며 일어난 각각에 대하여 다른 사건 B가 b가지 방법으로 일어날 때 A, B 동시에 일어나는 경우의 수는 a×b(가지)이다.
② 화폐의 지불 방법의 가지 수와 지불금액의 가지 수 A원 권 a장, B원 권 b장, C원 권 c장으로 지불할 때
    ㉠ 지불하는 방법의 가지 수 : (a + 1)(b + 1)(c + 1) − 1(가지)
    ㉡ 지불금액의 가지 수
    • 화폐 액면이 중복되지 않을 때 : (a + 1)(b + 1)(c + 1) − 1(가지)
    • 화폐 액면이 중복될 때 : 큰 액면을 작은 액면으로 바꿈

(2) 순열
① 정의 : 서로 다른 n개의 물건에서 r개를 택하여 한 줄로 배열하는 것을 n개의 물건에서 r개를 택하는 순열이라 하고 이 순열의 수를 기호로 $_nP_r$와 같이 나타낸다.
② 공식

    ㉠ $_nP_r = n(n - 1)(n - 2)(n - 3) \times \cdots \times (n - r + 1) = \frac{n!}{(n-r)!}$ (단, $0 \leq r \leq n$)

    ㉡ $0! = 1$, $_nP_0 = 1$

③ 원순열 : 서로 다른 n개의 물건을 원형으로 배열하는 순열, (n − 1)!

④ 중복순열 : 서로 다른 n개에서 중복을 허용하여 r개를 택하는 순열을 중복순열이라 하고 기호로는 $_n\Pi_r = n^r$로 나타낸다.

⑤ 탁자순열 : $(n-1)! \times$ (자리를 순차로 옮겨서 달라지는 것의 개수)

(3) 조합

① 조합의 수 : 서로 다른 n개에서 순서를 고려치 않고 r개를 택할 경우 이 r개로 이루어진 각각의 집합을 말한다.

$$_nC_r = \frac{_nP_r}{r!} = \frac{n!}{r!(n-r)!}, \ _nC_r = {_nC_{n-r}}(n \geq r), \ _nC_0 = 1$$

ⓒ 중복조합 : 서로 다른 n개에서 중복을 허락하여 r개를 택하는 조합이다.

$$_nH_r = {_{n+r-1}C_r}$$

7 도형의 길이 · 면적 · 부피

(1) 도형의 길이

① 둘레의 길이 = 전체를 둘러싸고 있는 길이의 합계

② 주요 공식

　　㉠ 원둘레 : 지름 $\times \pi$

　　㉡ 장방형 : (가로＋세로) $\times 21$

　　ⓒ 부채꼴의 길이 : 원둘레 $\times \dfrac{중심각}{360}$

　　㉣ 정삼각형 : 한 변의 길이 $\times 3$

(2) 도형의 면적

① 원의 면적 : 반지름 $\times$ 반지름 $\times \pi$

② 삼각형의 면적 : 밑변 $\times$ 높이 $\div 2$

③ 부채꼴의 면적 : 원의 면적 $\times \dfrac{중심각}{360}$

④ 사다리꼴의 면적 : (윗변＋밑변) $\times$ 높이 $\div 2$

⑤ 구의 면적 : $(반지름)^3 \times \pi$

(3) 도형의 부피

① 사각 기둥의 부피 : 밑면적$\times$높이

② 원기둥의 부피 : 원의 면적$\times$높이

③ 각뿔의 부피 : 사각기둥의 부피$\times \dfrac{1}{3}$

④ 원뿔의 부피 : 원기둥의 부피$\times \dfrac{1}{3}$

⑤ 구의 부피 : $\dfrac{4}{3} \times (반지름)^3 \times \pi$

기출문제 맛보기

01 10%의 소금물과 20%의 소금물, 100g의 물을 섞어 10%의 소금물 500g이 되었다. 섞기 전의 10%의 소금물은 몇 g이었는가?

① 150g

② 200g

③ 250g

④ 300g

📋 Advice

10%의 소금물을 xg, 20%의 소금물을 $(400-x)$g이라 할 때, 섞은 소금물의 농도를 구하는 식은 다음과 같다.

$$\frac{0.1x + 0.2(400-x)}{500} \times 100 = 10\%$$

$0.1x + 80 - 0.2x = 50$

$0.1x = 30$

$\therefore x = 300g$

답 ④

02 시속 4km로 걷는 미진이와 시속 6km로 걷는 석훈이는 600m 트랙의 같은 출발선에서 동시에 출발했다. 두 사람이 다시 만나는 데까지 석훈이는 트랙을 총 몇 바퀴 돌았는가?

① 2바퀴

② 2.5바퀴

③ 3바퀴

④ 3.5바퀴

📋 Advice

같은 방향으로 출발한 두 사람이 만나는 때는 석훈이가 미진이보다 한 바퀴를 더 돌았을 때이므로 두 사람이 움직인 거리의 차가 600m인 때이다.

x시간이 지난 후에 두 사람이 만났을 때, $6x - 4x = 0.6$이므로 $x = 0.3$시간 $= 18$분이다.

18분 동안 석훈은 $6km/h \times 0.3h = 1.8km$를 이동했으므로 $\frac{1800m}{600m/바퀴} = 3$바퀴 돌았다.

답 ③

03 작년까지 A시의 지역 축제에서 A시민에게는 50% 할인된 가격으로 성인입장료를 판매하였는데 올해부터는 작년 가격에서 각각 5,000원씩 추가 할인하여 판매하기로 했다. 올해 일반 성인입장료와 A시민 성인입장료의 비가 5 : 2일 때, 올해 일반 성인입장료는 얼마인가?

① 30,000원   ② 25,000원
③ 20,000원   ④ 15,000원

 Advice

작년 일반 성인입장료를 x원이라 할 때, A시민 성인입장료는 $0.5x$원이다.
각각 5,000원씩 할인하면 $(x-5,000):(0.5x-5,000)=5:2$ 이므로 외항과 내항을 곱하여 계산한다.
$5(0.5x-5,000)=2(x-5,000)$
$2.5x-25,000=2x-10,000$
$0.5x=15,000$
$x=30,000(원)$
∴ 올해 일반 성인입장료는 5,000원 할인된 25,000원이다.

답 ②

04 창고에 가득 찬 짐을 기계의 도움 없이 하루 만에 바로 옆 창고로 옮기기 위해서는 남자 8명 또는 여자 11명이 필요하다. 오늘 하루에 짐을 다 옮겨야 하는데 남자 인부를 6명밖에 구하지 못했다면 여자 인부가 최소 몇 명이 필요한가?

① 3명   ② 4명
③ 5명   ④ 6명

Advice

남자 1명이 하루에 옮길 수 있는 양은 $\frac{1}{8}$, 여자 1명이 하루에 옮길 수 있는 양은 $\frac{1}{11}$이다.

남자 6명과 여자 x명이 하루 만에 창고의 모든 짐을 옮기려면 $(6\times\frac{1}{8})+(x\times\frac{1}{11})=1$이어야 하므로 $x=2.75$, 즉 3명의 여자 인부가 필요하다.

답 ①

05 H문구점에서 전 품목 10% 할인행사 중이다. 지민이는 15,000원을 가지고 있고 H문구점에서 정가 1,500 원의 볼펜과 2,000원의 샤프를 사려고 한다. 볼펜과 샤프를 합쳐서 총 10개를 사야하고, 볼펜과 샤프 모두 1개 이상 구매해야 할 때, 살 수 있는 샤프의 최대 개수는?

① 2개

② 3개

③ 4개

④ 5개

📝 **Advice**

볼펜의 할인가는 1,350원, 샤프의 할인가는 1,800원이다. 샤프를 x개, 볼펜을 $(10-x)$개 샀다고 할 때 $1,350(10 - x) + 1,800x$ $\leq 15,0000$이므로 $x \leq 3.33 \cdots$, 즉 샤프는 최대 3개 살 수 있다.

답 ②

실력다지기

01 원가가 100원인 물건이 있다. 이 물건을 정가의 20%를 할인해서 팔았을 때, 원가의 4%의 이익이 남게 하기 위해서는 원가에 몇 % 이익을 붙여 정가를 정해야 하는가?

① 15%   ② 20%

③ 25%   ④ 30%

☑**TIP** 정가를 x원이라 하면,

판매가 $= x - x \times \dfrac{20}{100} = x \left(1 - \dfrac{20}{100}\right) = 0.8x$ (원)

이익 $= 100 \times \dfrac{4}{100} = 4$ (원)

따라서 식을 세우면 $0.8x - 100 = 4$, $x = 130$ (원)

정가는 130원이므로 원가에 $y\%$의 이익을 붙인다고 하면,

$100 + 100 \times \dfrac{y}{100} = 130$, $y = 30$

따라서 30%의 이익을 붙여 정가를 정해야 한다.

02 농도가 3%로 오염된 물 30kg에 깨끗한 물을 채워서 오염물질의 농도를 0.5%p 줄이려고 할 때, 깨끗한 물은 얼마나 더 넣어야 하는가?

① 4kg   ② 5kg

③ 6kg   ④ 7kg

☑**TIP** 오염물질의 양은 $\dfrac{3}{100} \times 30 = 0.9(kg)$이다.

오염된 물에 $30kg$의 깨끗한 물을 xkg 더 넣고, 오염물질의 양 $0.9kg$에서 오염물질 농도가 0.5%p 줄인 2.5% 농도로 계산을 하면 $\dfrac{0.9}{30 + x} \times 100 = 2.5$이다.

$\therefore x = 6(kg)$

☑ **Answer** 01.④ 02.③

03 2개의 주사위를 동시에 던질 때, 주사위에 나타난 숫자의 합이 7이 될 확률과 두 주사위가 같은 수가 나올 확률의 합은?

① $\frac{1}{12}$

② $\frac{1}{2}$

③ $\frac{1}{9}$

④ $\frac{1}{3}$

⊘**TIP** 두 주사위를 동시에 던질 때 나올 수 있는 모든 경우의 수는 36이다. 숫자의 합이 7이 될 수 있는 확률은 (1,6), (2,5), (3,4), (4,3), (5,2), (6,1) 총 6가지, 두 주사위가 같은 수가 나올 확률은 (1,1), (2,2), (3,3), (4,4), (5,5), (6,6) 총 6가지다.

$$\therefore \frac{6}{36} + \frac{6}{36} = \frac{1}{3}$$

04 집에서 공원까지 갈 때는 시속 2km로 가고 돌아 올 때는 3km 먼 길을 시속 4km로 걸어왔다. 쉬지 않고 걸어 총 시간이 6시간이 걸렸다면 처음 집에서 공원을 간 거리는 얼마나 되는가?

① 7km

② 7.5km

③ 8km

④ 8.5km

⊘**TIP** $\frac{거리}{속력}$=시간이고, 처음 집에서 공원을 간 거리를 x라고 할 때,

$$\frac{x}{2} + \frac{x+3}{4} = 6 \Rightarrow 3x = 21$$
$$\therefore x = 7$$

05 재현이가 농도가 20%인 소금물에서 물 60g을 증발시켜 농도가 25%인 소금물을 만든 후, 여기에 소금을 더 넣어 40%의 소금물을 만든다면 몇 g의 소금을 넣어야 하겠는가?

① 45g   ② 50g

③ 55g   ④ 60g

    ☑TIP 20%의 소금물의 양을 $X g$이라 하면, 증발시킨 후 소금의 양은 같으므로

$$X \times \frac{20}{100} = (X - 60) \times \frac{25}{100}, \ X = 300 이다.$$

더 넣은 소금의 양을 $x g$이라 하면,

$$300 \times \frac{20}{100} + x = (300 - 60 + x) \times \frac{40}{100}$$

$$x = 60$$

06 정원이가 등산을 하는 데 올라갈 때는 시속 3km로 내려 올 때는 올라갈 때 보다 5km 먼 다른 길을 시속 6km로 걸어서 4시간 50분이 걸렸다고 한다. 정원이가 걸은 거리는 모두 몇 km인가?

① 14km   ② 16km

③ 18km   ④ 21km

    ☑TIP 올라간 거리를 x라고 하면

$$\frac{x}{3} + \frac{x+5}{6} = 4\frac{5}{6}$$

$$x = 8km$$

따라서 걸은 거리는 8 + 8 + 5 = 21(km)

07 커다란 탱크에 호스 A, B, C로 물을 가득 채우는 데 하나씩만 사용했을 때 걸리는 시간은 각각 3시간, 4시간, 6시간이 걸린다고 한다. 처음에 A호스로 1시간을 하다가 중단하고, 이어서 B, C호스를 함께 사용하여 가득 채웠다. B, C호스를 함께 사용한 시간은?

① 1시간 24분　　　　　　　　② 1시간 28분
③ 1시간 32분　　　　　　　　④ 1시간 36분

　　✅**TIP** 물탱크의 양을 1로 두고,

한 시간 동안 채워지는 물의 양은 $A=\dfrac{1}{3}, B=\dfrac{1}{4}, C=\dfrac{1}{6}$ 이다.

B, C호스를 함께 사용한 시간을 x시간이라 하면,

(A 호스로 1시간) + (B, C 호스를 함께 사용한 시간 x시간) = 1

$$\dfrac{1}{3}\times 1+\left(\dfrac{1}{4}+\dfrac{1}{6}\right)\times x=1$$

$$5x=8$$

$$x=\dfrac{8}{5}$$

이므로 1시간 36분이 걸린다.

08 어떤 상품을 정가에서 20%를 할인해서 팔아도, 원가에 대해서는 8%의 이익을 얻고자 한다. 처음 원가에 몇 %의 이익을 붙여서 정가를 매겨야 하는가?

① 35%　　　　　　　　　　② 30%
③ 25%　　　　　　　　　　④ 20%

　　✅**TIP** 원가를 a, 이익을 x라고 한다면

$$a\times\left(1+\dfrac{x}{100}\right)\times\dfrac{80}{100}=a\times\left(1+\dfrac{8}{100}\right)$$

$$\dfrac{(100+x)80}{10000}=\dfrac{108}{100}$$

$$x=35\%$$

09 여행선물로 열쇠고리와 액자를 구매하려고 할 때, 열쇠고리는 2,500원이고 액자는 4,000원이다. 열쇠고리 수는 액자 수의 4배이고 모두 42,000원을 지불하였다면 구입한 액자는 몇 개인가?

① 2개   ② 3개

③ 4개   ④ 5개

> ✔**TIP** 액자 수 : $x \rightarrow$ 열쇠고리 수 : $4x$
> $(x \times 4000) + (4x \times 2500) = 42000$
> $4000x + 10000x = 42000$
> $x = 3$

10 세 사람의 나이를 모두 곱하면 2450이고 모두 더하면 46이다. 최고령자의 나이는?

① 21   ② 25

③ 28   ④ 35

> ✔**TIP** $xyz = 2450 = 2 \times 5^2 \times 7^2$에서, 세 사람의 나이로 가능한 숫자는 2, 5, 7, 10, 14, 25, 35이다. 이 중 세 수의 합이 46인 조합은 (7, 14, 25)만 가능하고, 이 때 최고령자의 나이는 25세이다.

11 어느 마을에서 가족이 3명인 세대수는 전체의 $\frac{1}{5}$, 가족이 4명인 세대수는 $\frac{1}{7}$이다. 다음 중 전체 세대수로 가능한 값은?

① 42
② 50
③ 60
④ 70

⊘TIP 전체 세대수를 x라 할 때 $\frac{1}{5}x$와 $\frac{1}{7}x$ 모두 자연수여야 한다. 5와 7의 최소공배수는 35이므로, x는 35의 배수여야 한다. 이를 만족하는 것은 ④이다.

12 세 가지 육류가 들어가는 어느 요리에 3인분당 돼지고기 100g, 4인분당 닭고기 100g, 6인분당 소고기 100g이 쓰인다. 세 가지 육류 3600g을 남김없이 사용하여 그 요리를 만들었다면, 몇 인분인가?

① 24
② 36
③ 48
④ 52

⊘TIP 요리에 대해 몇 인분을 만들었는지는 동시에 적용된다. 총 x인분의 요리를 만들었다고 할 때, 각각의 재료에 대하여 1인분 당 고기량과 인분수의 곱을 합한 값이 사용한 총 육류량이 된다.

$$\frac{100}{3}x + \frac{100}{4}x + \frac{100}{6}x = 3600$$

$$\therefore \ x = 3600 \times \frac{12}{900} = 48(인분)$$

13 어느 공장에서 작년에 x제품과 y제품을 합하여 1000개를 생산하였다. 올해는 작년에 비하여 x의 생산이 10% 증가하고, y의 생산은 10% 감소하여 전체로는 4% 증가하였다. 올해에 생산된 x제품의 수는?

① 550

② 600

③ 660

④ 770

✓**TIP** $\begin{cases} x + y = 1000 \\ 1.1x + 0.9y = 1000 \times 1.04 = 1040 \end{cases}$

연립방정식의 해는 $x = 700,\ y = 300$이다.

∴ 올해 생산된 x제품의 수는 $700 \times 1.1 = 770$(개)

14 두 집합 $A = \{a,\ b,\ c,\ d,\ e\}$, $B = \{a,\ d\}$에 대하여 $X \subset A$와 $B \cup X = \{a,\ b,\ d\}$를 동시에 만족하는 집합 X의 개수는?

① 3개

② 4개

③ 5개

④ 6개

✓**TIP** $B \cup X = \{a,\ b,\ d\}$이므로, X는 b를 포함해야 한다. 또한 A의 부분집합이면서 c와 e를 포함하지 않아야 한다.

$\{b\} \subset X \subset \{a,\ b,\ d\}$

집합 X의 원소의 개수는 $\{a,\ b,\ d\}$에서 b를 제외하고 $2^2 = 4$개가 된다.

✓**Answer** 11.④ 12.③ 13.④ 14.②

15 총 220쪽의 과학만화가 너무 재미있어서 시험기간 5일 동안 하루도 빠지지 않고 매일 20쪽씩 읽었다. 시험이 끝나면 나머지를 모두 읽으려고 한다. 시험이 끝나면 모두 몇 쪽을 읽어야 하나?

① 105쪽　　　　　　　　　　　　　② 110쪽

③ 115쪽　　　　　　　　　　　　　④ 120쪽

　　　✅**TIP** 전체페이지에서 5일 동안 읽은 페이지를 뺀 나머지를 구한다.
　　　　　$220 - (5 \times 20) = 120$

16 식염수 600g에 400g의 물을 넣었더니 3%의 식염수가 되었다. 다음 중 원래 식염수의 농도를 구하면 얼마인가?

① 4%　　　　　　　　　　　　　　② 4.5%

③ 5%　　　　　　　　　　　　　　④ 5.5%

　　　✅**TIP** 소금의 양을 x라 하면

　　　　　$\dfrac{x}{600+400} \times 100 = 3$이므로 $x=30$이다.

　　　　　따라서 원래의 농도는 $\dfrac{30}{600} \times 100 = 5(\%)$이다.

17 40%의 소금물 300g을 가열하여, 50g의 물을 증발시키면 몇 %의 소금물이 되는가?

① 44%　　　　　　　　　　　　　② 46%

③ 48%　　　　　　　　　　　　　④ 50%

　　　✅**TIP** 40% 소금물 300g에 들어 있는 소금의 양은 $300 \times 0.4 = 120(\text{g})$이고,
　　　　　물의 양은 $300 - 120 = 180(\text{g})$이다.
　　　　　물이 50g 증발했으므로 $180 - 50 = 130(\text{g})$이므로
　　　　　소금물의 농도는 $\dfrac{120}{130+120} \times 100 = \dfrac{120}{250} \times 100 = 48(\%)$이다.

18 가로의 길이가 세로의 길이보다 4㎝ 더 긴 직사각형이 있다. 이 직사각형의 둘레가 28㎝일 때 세로의 길이는?

① 4㎝　　　　　　　　　　　　　② 5㎝

③ 6㎝　　　　　　　　　　　　　④ 7㎝

　　TIP 직사각형의 둘레는 가로의 길이 × 2 + 세로의 길이 × 2이다.

　　　세로의 길이를 x라고 가정할 때 가로의 길이는 $x+4$이고, 둘레는 $2\times(x+4)+(2\times x)$이므로 $4x+8=28$, 따라서 x는 5이다.

19 아버지의 나이는 자식의 나이보다 24세 많고, 지금부터 6년 전에는 아버지의 나이가 자식의 나이의 5배였다. 아버지와 자식의 현재의 나이는 각각 얼마인가?

① 36세, 12세　　　　　　　　　　② 37세, 13세

③ 39세, 15세　　　　　　　　　　④ 40세, 16세

　　TIP 자식의 나이를 x라 하면,

　　　$(x+24-6)=5(x-6)$

　　　$48=4x,\ x=12$

　　　아버지의 나이는 $12+24=36$

　　　∴ 아버지의 나이 36세, 자식의 나이는 12세

Answer 15.④　16.③　17.③　18.②　19.①

20 A, B, C, D, E 5명 중에서 3명을 순서를 고려하지 않고 뽑을 경우 방법의 수는?

① 7가지　　　　　　　　　② 10가지

③ 15가지　　　　　　　　　④ 20가지

   ◎TIP 순서를 고려하지 않고 3명을 뽑으므로

$$_5C_3 = \frac{5!}{3! \times (5-3)!}$$

$$= \frac{5 \times 4 \times 3 \times 2 \times 1}{3 \times 2 \times 1 \times 2 \times 1}$$

$$= 10(가지)$$

21 민수의 재작년 나이의 $\frac{1}{4}$과 내년 나이의 $\frac{1}{5}$이 같을 때 민수의 올해 나이는?

① 10세　　　　　　　　　② 12세

③ 14세　　　　　　　　　④ 16세

   ◎TIP 민수의 올해 나이를 x라 하면

$$\frac{1}{4}(x-2) = \frac{1}{5}(x+1)$$

$$5(x-2) = 4(x+1)$$

$$5x - 10 = 4x + 4 \quad \therefore \ x = 14(세)$$

22 50원 우표와 80원 우표를 합쳐서 27장 구입했다. 80원 우표의 비용이 50원 우표의 비용의 2배일 때 각각 몇 장씩 구입하였는가?

① 50원 우표 12개, 80원 우표 15개

② 50원 우표 11개, 80원 우표 16개

③ 50원 우표 10개, 80원 우표 17개

④ 50원 우표 9개, 80원 우표 18개

> **✅ TIP** 50원 우표를 x개, 80원 우표를 y개라 할 때,
>
> $x + y = 27 \cdots \bigcirc$
>
> $(50x) \times 2 = 80y \cdots \bigcirc\hspace$
>
> $\bigcirc$에서 $y = 27 - x$를 $\bigcirc\hspace$에 대입하면
>
> $100x = 80(27 - x)$
>
> $180x = 2160$
>
> $x = 12, \; y = 15$

23 은희는 친구들과 함께 은정이의 생일선물을 사기 위해 돈을 모았다. 한 친구가 24,000원을 내고 나머지 다른 친구들은 10,000원씩 걷었더니 평균 한 사람당 12,000원씩 낸 것이 된다면 친구들의 인원수는?

① 7명   ② 9명

③ 11명   ④ 13명

> **✅ TIP** 10,000원 낸 친구들의 인원수를 x라 하면
>
> $$\frac{24000 + 10000x}{x + 1} = 12000, \quad x = 6$$
>
> 총 친구들의 인원수는 $6 + 1 = 7$(명)

24 물통을 채우는 데 A관의 경우 6시간, B관의 경우 4시간이 걸린다. A, B 두 관을 다 사용했을 경우, 물이 가득 찰 때까지 몇 시간이 걸리는가?

① 2시간 12분 ② 2시간 18분
③ 2시간 24분 ④ 2시간 36분

TIP 물의 양을 1이라 했을 때,

㉠ A관의 경우 시간당 $\frac{1}{6}$만큼 물이 채워진다.

㉡ B관의 경우 시간당 $\frac{1}{4}$만큼 물이 채워진다.

A관, B관 둘 다 사용하면 ㉠ + ㉡이 되므로 시간당 $\frac{1}{6}+\frac{1}{4}=\frac{5}{12}$만큼 물이 채워진다.

물이 다 채워질 때까지 걸리는 시간을 x라 하면 $\frac{5}{12}\times x=1$

$x=\frac{12}{5}=2\frac{2}{5}=2\frac{24}{60}$

∴ 2시간 24분이 걸린다.

25 A기업에서는 매년 3월에 정기 승진 시험이 있다. 시험을 치른 사람이 남자사원, 여자사원을 합하여 총 100명이고 시험의 평균이 남자사원은 72점, 여자사원은 76점이며 남녀 전체평균은 73점일 때 시험을 치른 여자사원의 수는?

① 25명 ② 30명
③ 35명 ④ 40명

TIP 시험을 치른 여자사원의 수를 x라 하고
여자사원의 총점 + 남자사원의 총점 = 전체 사원의 총점이므로 $76x+72(100-x)=73\times100$
식을 간단히 하면 $4x=100,\ x=25$
∴ 여자사원은 25명이다.

26 4명의 신입직원 중에서 2명만이 회의실 A, B에 들어가야 할 때, 회의실에 들어가야 하는 2명의 인원을 고르는 경우의 수는?

① 1 ② 2
③ 4 ④ 6

⊘TIP 신입직원 4명이 회의실Ⅰ과 회의실Ⅱ에 들어가게 되는 2명의 인원을 선택하는 것은
$_4C_2 = 6$이다.

27 5개의 숫자 1, 1, 2, 2, 3를 일렬로 나열하기 위한 경우의 수는?

① 20 ② 30
③ 40 ④ 50

⊘TIP 5개의 숫자에서 숫자 '1' 2개, 숫자 '2' 2개, 숫자 '3' 1개가 있다.

$$\frac{5!}{2!2!1!} = \frac{5 \times 4 \times 3 \times 2 \times 1}{2 \times 2 \times 1} = 30$$

5개의 숫자를 일렬로 나열하는 순열의 수는 30가지이다.

자료해석

📖 출제경향

통계, 그래프, 도표 등 주어진 자료를 분석하여 문제를 해결하는 유형이다.

📑 CHECK POINT

일반적으로 난이도가 높게 출제되지는 않는 편이다. 하지만 문제를 풀 때 소요되는 시간이 크다. 다양한 자료를 보면서 해석하는 능력을 향상시키는 것이 중요하다. 자료를 분석하고 나서 증감률, 손익계산과 같은 계산을 해야 하는 문항은 다른 문항보다 난이도가 있고 실수가 자주 나올 수 있는 유형이므로 정확하게 공식을 파악하고 있는 것이 중요하다.

1 자료해석의 이해

(1) 자료읽기 및 독해력

제시된 표나 그래프 등을 보고 표면적으로 제공하는 정보를 정확하게 읽어내는 능력을 확인하는 문제가 출제된다. 특별한 계산을 하지 않아도 자료에 대한 정확한 이해를 바탕으로 정답을 찾을 수 있다.

(2) 자료 이해 및 단순계산

문제가 요구하는 것을 찾아 자료의 어떤 부분을 갖고 그 문제를 해결해야 하는지를 파악할 수 있는 능력을 확인한다. 문제가 무엇을 요구하는지 자료를 잘 이해해서 사칙연산부터 나오는 숫자의 의미를 알아야 한다. 계산 자체는 단순한 것이 많지만 소수점의 위치 등에 유의한다. 자료 해석 문제는 무엇보다도 꼼꼼함을 요구한다. 숫자나 비율 등을 정확하게 확인하고, 이에 맞는 식을 도출해서 문제를 푸는 연습과 표를 보고 정확하게 해석할 수 있는 연습이 필요하다.

(3) 응용계산 및 자료추리

자료에 주어진 정보를 응용하여 관련된 다른 정보를 도출하는 능력을 확인하는 유형으로 각 자료의 변수의 관련성을 파악하여 문제를 풀어야 한다. 하나의 자료만을 제시하지 않고 두 개 이상의 자료가 제시한 후 각 자료의 특성을 정확히 이해하여 하나의 자료에서 도출한 내용을 바탕으로 다른 자료를 이용해서 문제를 해결하는 유형도 출제된다.

2 　증감률

- 전년도 매출 : P
- 올해 매출 : N
- 전년도 대비 증감률 : $\dfrac{N-P}{P} \times 100$

3 　손익계산

(1) 정의

에누리가 없는 값을 의미한다. 원가와 이익의 합이 정가가 된다.

(2) 예시

① 이익이 원가의 10%인 경우 : 원가 × 0.1

② 정가가 원가의 10% 할증(10% 증가)의 경우 : 원가 × (1 + 0.1)

③ 매가가 정가의 10% 할인(10% 감소)의 경우 : 정가 × (1 − 0.1)

4 　백분율

$$비율 \times 100 = \dfrac{비교하는 양}{기준량} \times 100$$

5 　비례식

① 비교하는 양 : 기준량 = 비교하는 양 : 기준량

② 전항 : 후항 = 전항 : 후항

③ 내항 : 외항 = 내항 : 외항

6 　차트의 종류 및 특징

① 세로막대형 : 시간의 경과에 따른 데이터 변동을 표시하거나 항목별 비교를 나타내는 데 유용하다.

② 꺾은 선형 : 일정 간격에 따라 데이터의 추세를 표시하는 데 유용하다.

③ 원형 : 데이터 하나에 있는 항목의 크기가 항목 합계에 비례하여 표시된다.

④ 가로 막대형 : 개별 항목을 비교하여 보여준다. 단, 표시되는 값이 기간인 경우는 사용할 수 없다.

⑤ 주식형 : 주가 변동을 나타내는 데 주로 사용한다.

기출문제 맛보기

01 다음은 1봉(1회 제공량)의 포장단위가 20g인 K사 아몬드초콜릿의 영양성분표이다. 이에 대한 설명으로 옳지 않은 것은?

		100g 당 함량	% 영양소 기준치
열량		605kcal	
영양 정보	탄수화물	30g	10%
	당류	20g	
	단백질	20g	35%
	지방	45g	90%
	포화지방	7.5g	50%
	트랜스지방	0g	
	콜레스테롤	25mg 미만	5%
	나트륨	25mg	0%

① K사 아몬드초콜릿 1회 제공량의 탄수화물 함량은 6g이다.

② K사 아몬드초콜릿이 제공하는 열량 중 60% 이상이 지방으로부터 얻어진다.

③ K사 아몬드초콜릿으로 지방의 1일 영양소 기준치를 100% 이상 섭취하려면 6봉 이상 섭취해야 한다.

④ K사 아몬드초콜릿 2봉을 섭취하면 1일 영양소 기준치 이상의 포화지방을 섭취하게 된다.

⬚ Advice

④ 주어진 표는 100g(5봉)에 대한 정보이므로 10봉을 섭취해야 1일 영양소 기준치 이상의 포화지방을 섭취하게 된다.

① 1회 제공량(1봉)은 20g이므로 탄수화물의 함량은 30/5 = 6g이다.

② K사 아몬드초콜릿 100g에서 지방이 제공하는 열량은 45g × 9kcal/g = 405kcal이다. 총 605kcal 중 지방이 제공하는 열량의 비율은 $\frac{405}{605} \times 100 ≒ 66.9\%$이다.

③ 1봉당 지방의 '% 영양소 기준치'는 18%이므로 100% 이상 섭취하려면 6봉 이상 섭취해야 한다.

답 ④

| 02 ～ 03 | 다음은 2021 ～ 2024년 창업지원금 신청자를 대상으로 직업을 조사한 예시자료이다. 자료를 보고 물음에 답하시오.

(단위 : 명)

직업 ＼ 연도	2021년	2022년	2023년	2024년
교수	54	34	152	183
연구원	49	73	90	118
대학생	23	17	59	74
대학원생	12	31	74	93
회사원	357	297	481	567
기타	295	350	310	425
계	790	802	1,166	1,460

02 전체 창업지원금 신청자 대비 회사원 비율이 가장 높은 해는 몇 년인가?

① 2021년
② 2022년
③ 2023년
④ 2024년

> **📑 Advice**
>
> $$\frac{\text{회사원 수}}{\text{전체 창업지원금 신청자}} \times 100$$
>
> • 2021년 : $\frac{357}{790} \times 100 = 45.19\%$
>
> • 2022년 : $\frac{297}{802} \times 100 = 37.03\%$
>
> • 2023년 : $\frac{481}{1,166} \times 100 = 41.25\%$
>
> • 2024년 : $\frac{567}{1,460} \times 100 = 38.84\%$
>
> 답 ①

03 다음 보기 중 2021년 대비 2024년의 신청자 수의 증가율이 가장 작은 직업은 무엇인가?

① 교수   ② 연구원

③ 대학원생   ④ 회사원

📑 **Advice**

$$\frac{2024년\ 신청자\ 수 - 2021년\ 신청자\ 수}{2021년\ 신청자\ 수} \times 100$$

- 교수 : $\frac{183-54}{54} \times 100 = 238.9\%$

- 연구원 : $\frac{118-49}{49} \times 100 = 140.8\%$

- 대학생 : $\frac{74-23}{23} \times 100 = 221.7\%$

- 대학원생 : $\frac{93-12}{12} \times 100 = 675\%$

- 회사원 : $\frac{567-357}{357} \times 100 = 58.8\%$

답 ④

04 다음 〈표〉는 2019 ~ 2023년 '갑'국의 청구인과 피청구인에 따른 특허심판 청구건수에 관한 예시자료이다. 이에 대한 〈보기〉의 설명 중 옳지 않은 것은?

〈표〉 청구인과 피청구인에 따른 특허심판 청구건수

(단위: 건)

연도 \ 청구인 / 피청구인	내국인		외국인	
	내국인	외국인	내국인	외국인
2019년	765	270	204	172
2020년	889	1,970	156	119
2021년	795	359	191	72
2022년	771	401	93	230
2023년	741	213	152	46
합계	3,961	3,213	796	639

① 2021년 청구인이 내국인인인 특허심판 청구건수의 전년대비 감소율은 50% 이상이다.

② 2019 ~ 2023년 통틀어서 내국인이 청구인인 특허심판 청구건수에서 피청구인이 외국인이 되는 경우가 피청구인이 내국인인 합계보다 더 많다.

③ 2019년 내국인이 외국인에게 청구한 특허심판 청구건수는 외국인이 외국인에게 청구한 특허심판 청구건수보다 많다.

④ 2023년 피청구인이 내국인인 특허심판 청구건수는 피청구인이 외국인인 특허심판 청구건수의 3배 이상이다.

📋 **Advice**

② 2019 ~ 2023년에서 내국인이 청구인인 경우 피청구인이 내국인인 경우 합계 3,961이고 외국인인 경우는 3,213으로 내국인이 더 많다.

① 내국인과 외국인이 합해진 2020년 청구건수는 2,859이고 2021년은 1,154이다. 전년대비 감소율은 {(2,859 − 1,154) ÷ 2,859} × 100 = 59.6%로 50% 이상이다.

③ 2019년 내국인이 외국인에게 청구한 청구건수는 270이고 외국인이 외국인에게 청구한 청구건수는 172이다.

④ 2023년 피청구인이 내국인인 경우는 741 + 152 = 893, 외국인인 경우는 213 + 16 = 259로, 3배 이상이다.

답 ②

실력다지기

01 다음은 2020 ~ 2023년까지 주요 진료과목별 병·의원의 사업자 수를 예시로 보여준 표이다. 다음 자료에 대한 설명으로 옳은 것은?

(단위 : 명)

연도 진료과목	2020년	2021년	2022년	2023년
신경정신과	1,270	1,317	1,392	1,488
가정의학과	2,699	2,812	2,952	3,057
피부과 · 비뇨의학과	3,267	3,393	3,521	3,639
이비인후과	2,259	2,305	2,380	2,461
안과	1,485	1,519	1,573	1,603
치과	16,424	16,879	17,217	17,621
일반외과	4,282	4,369	4,474	4,566
성형외과	1,332	1,349	1,372	1,414
내과 · 소아과	10,677	10,861	10,975	11,130
산부인과	1,726	1,713	1,686	1,663

① 2020 ~ 2023년에서 사업자수가 제일 많은 진료과목은 내과·소아과이다.

② 매년 총 사업자수가 증가하고 있다.

③ 연도별로 총 사업자수가 줄고 있는 것은 성형외과이다.

④ 2023년에 전년대비 사업자수가 제일 많이 증가한 것은 치과 다음으로 피부과·비뇨의학과이다.

    ✅TIP ① 사업자수가 제일 많은 것은 총 합계가 68,141인 치과이다.

        ③ 연도별로 사업자 수가 줄고 있는 것은 산부인과이다.

        ④ 치과 다음으로 사업자 수가 증가한 것은 내과·소아과이다.

02 다음은 '갑'국 A 위원회의 24 ~ 26차 회의 심의결과에 관한 자료이다. 자료에 대한 설명으로 옳은 것은?

〈표〉 A 위원회의 24 ~ 26차 회의 심의결과

회차 동의 여부 위원	24		25		26	
	동의	부동의	동의	부동의	동의	부동의
기획재정부장관	O		O		O	
교육부장관	O			O	O	
과학기술정보통신부장관	O		O			O
행정안전부장관	O			O	O	
문화체육관광부장관	O			O	O	
농림축산식품부장관		O	O		O	
산업통상자원부장관		O		O		O
보건복지부장관	O		O		O	
환경부장관		O	O			O
고용노동부장관		O		O	O	
여성가족부장관	O		O		O	
국토교통부장관	O		O		O	
해양수산부장관	O		O		O	
중소벤처기업부장관		O	O			O
문화재청장	O		O		O	
산림청장	O			O	O	

※ 1) A 위원회는 〈표〉에 제시된 16명의 위원으로만 구성됨

2) A 위원회는 매 회차 개최 시 1건의 안건만을 심의함

① 24 ~ 26차 회의의 심의안건에 모두 동의한 의원은 5명이다.

② 부동의한 의원의 수는 매 회차마다 증가한다.

③ 매 회차마다 전체의원의 $\frac{2}{3}$ 이상이 동의해야 심의안건이 의결된다면 심의안건이 의결된 회차는 없다.

④ 전 회차 중에서 26회차 회의에서 동의표가 제일 많다.

TIP ④ 동의표는 24회차에 11표, 25회차에 10표, 26회차에 12표이다.

① 기획재정부장관, 보건복지부장관, 여성가족부장관, 국토교통부장관, 해양수산부장관, 문화재청장이 모두 동의한 의원으로 총 6명이다.

② 24회차는 5명, 25회차는 6명, 26회차는 4명으로 매 회차마다 증가하지 않는다.

③ 24회차와 26회차의 심의안건이 의결된다.

03 다음 〈표〉는 2023년과 2024년 지역별 전체주택 및 빈집 현황에 관한 예시자료이다. 다음 자료에 대한 설명으로 옳지 않은 것은?

〈표〉 2023년과 2024년 지역별 전체주택 및 빈집 현황

(단위 : 호, %)

연도 구분 지역	2023년			2024년		
	전체주택	빈집	빈집비율	전체주택	빈집	빈집비율
서울특별시	2,953,964	93,402	3.2	3,015,371	96,629	3.2
부산광역시	1,249,757	109,651	8.8	1,275,859	113,410	8.9
대구광역시	800,340	40,721	5.1	809,802	39,069	4.8
인천광역시	1,019,365	66,695	6.5	1,032,774	65,861	6.4
광주광역시	526,161	39,625	7.5	538,275	41,585	7.7
대전광역시	492,797	29,640	6.0	496,875	26,983	5.4
울산광역시	391,596	33,114	8.5	394,634	30,241	7.7
세종특별자치시	132,257	16,437	12.4	136,887	14,385	10.5
경기도	4,354,776	278,815	6.4	4,495,115	272,358	6.1
강원도	627,376	84,382	13.4	644,023	84,106	13.1
충청북도	625,957	77,520	12.4	640,256	76,877	12.0
충청남도	850,525	107,609	12.7	865,008	106,430	12.3
전라북도	724,524	91,138	12.6	741,221	95,412	12.9
전라남도	787,816	121,767	15.5	802,043	122,103	15.2
경상북도	1,081,216	143,560	13.3	1,094,306	139,770	12.8
경상남도	1,266,739	147,173	11.6	1,296,944	150,982	11.6
제주특별자치도	241,788	36,566	15.1	246,451	35,105	14.2
전국	18,126,954	1,517,815	8.4	18,525,844	1,511,306	8.2

※ 빈집비율(%) = $\dfrac{빈집}{전체주택} \times 100$

① 2024년에 전 지역이 전년대비 전체주택 수가 증가하였다.

② 2023년에 빈집비율이 제일 높은 지역은 전라남도이다.

③ 2024년도에 전년대비 빈집이 늘어난 지역은 5곳이다.

④ 2024년도에 빈집비율이 제일 낮은 지역은 전년대비 차이가 없다.

✅**TIP** ③ 서울특별시, 부산광역시, 광주광역시, 전라북도, 전라남도, 경상남도 6곳에서 늘어났다.
　　① 2023년에 비해 2024년 전체주택 수는 전 지역에서 증가하였다.
　　② 2023년에 전라남도가 15.5로 빈집비율이 제일 높다.
　　④ 2024년에 빈집비율이 제일 낮은 지역은 서울로 2023년과 차이가 없다.

04 다음 〈표〉는 2021 ~ 2023년 '갑'국의 장소별 전기차 급속충전기 수에 관한 예시자료이다. 이에 대한 〈보기〉의 설명 중 옳지 않은 것은?

〈표〉 장소별 전기차 급속충전기 수

(단위 : 대)

구분	장소	2021년	2022년	2023년
다중이용시설	쇼핑몰	807	1,701	2,701
	주유소	125	496	1,051
	휴게소	475	1,149	2,099
	문화시설	757	1,152	1,646
	체육시설	272	498	604
	숙박시설	79	146	227
	여객시설	64	198	378
	병원	27	98	152
	소계	2,606	5,438	8,858
일반시설	공공시설	1,595	2,748	3,752
	주차전용시설	565	898	1,275
	자동차정비소	119	303	375
	공동주택	29	102	221
	기타	476	499	522
	소계	2,784	4,550	6,145
전체		5,390	9,988	15,003

① 전체 급속충전기 수에 대비하여 '다중이용시설'의 급속충전기 수의 비율은 매년 증가한다.

② 2021년에 급속충전기 수가 가장 적은 곳은 '공동주택'이다.

③ 2021년 대비 2023년 급속충전기 수가 가장 많이 증가한 장소는 '공공시설'이다.

④ 2021년에 다중이용시설에 있는 급속충전기 전체 수에서 휴게소에 설치된 비율은 10% 이상이다.

  ✓TIP ② 급속충전기 수가 가장 적은 곳은 27개의 '병원'이다.

    ① 2021년 48%, 2022년 54%, 2023년 59%로 매년 증가하고 있다.

    ③ 2021년 대비하여 2023년에 '공공시설'이 2,157개로 가장 많이 증가하였다.

    ④ 2021년 다중이용시설에서 휴게실에 설치된 급속충전기의 수는 475개이다. 2021년 다중이용시설 급속충전기의 수에서 18%이다.

05 다음 〈표〉는 '갑'국의 초등돌봄교실에 관한 자료이다. 다음 자료에 대한 설명으로 옳지 않은 것은?

〈표 1〉 초등돌봄교실 이용학생 현황

(단위 : 명, %)

구분	학년	1	2	3	4	5	6
오후 돌봄교실	학생 수	124,000	91,166	16,421	7,708	3,399	2,609
저녁 돌봄교실	학생 수	5,215	3,355	772	471	223	202

① 오후 돌봄교실 2학년의 학생 수 비율은 40% 이상이다.

② 학년이 올라갈수록 돌봄교실 학생수는 감소한다.

③ 전 학년에서 오후 돌봄교실이 저녁 돌봄교실보다 학생 수가 많다.

④ 3학년에서 저녁 돌봄교실을 이용하는 학생 수의 비율이 오후 돌봄교실 학생 수 비율보다 더 높다.

⊘ TIP

구분	학년	1	2	3	4	5	6	합
오후 돌봄교실	학생 수	124,000	91,166	16,421	7,708	3,399	2,609	245,303
	비율	50.5	37.2	6.7	3.1	1.4	1.1	100.0
저녁 돌봄교실	학생 수	5,215	3,355	772	471	223	202	10,238
	비율	50.9	32.8	7.5	4.6	2.2	2.0	100.0

① 2학년 오후 돌봄교실 학생비율은 37.2%이다.

② 학년이 올라갈수록 학생 수는 전체적으로 감소하고 있다.

③ 오후 돌봄교실을 이용하는 전체 학생 수 245,303명 저녁 돌봄교실 전체 학생 수가 10,238명이다.

④ 3학년 오후 돌봄교실 학생 수 비율은 6.7%이고 저녁 돌봄교실은 7.5%로 저녁 돌봄교실 비율이 더 높다.

06 다음은 '갑'기업의 사업장별 연간 매출액에 대한 예시자료이다. 이에 대한 설명으로 옳지 않은 것은?

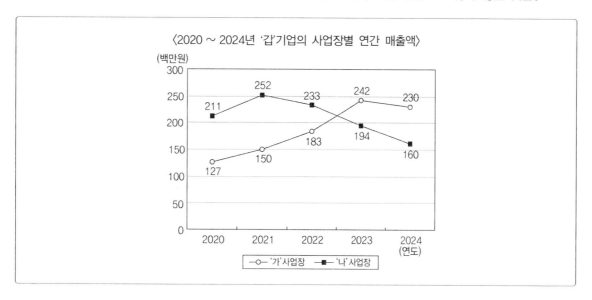

① 2021년에 두 사업장의 매출액의 차가 가장 크다.

② '갑' 기업은 매년 총 매출액이 증가하고 있다.

③ 2024년 '나' 사업장의 전년대비 감소율은 2023년의 전년대비 감소율보다 높다.

④ 2021년 '가' 사업장과 '나' 사업장의 전년대비 증가율은 2%p 이상 차이나지 않는다.

> ✅**TIP** ② '갑' 기업의 총 매출액은 2024년 390(백만 원)으로 2023년 436(백만 원)보다 감소했다.
>
> ① 2021년 두 사업장의 매출액의 차는 102(백만 원)으로 가장 크다.
>
> ③ 2024년 '나' 사업장의 전년대비 감소율은 17.5%, 2023년 '나' 사업장의 전년대비 감소율은 16.7%
> 이다. 따라서 2024년의 전년대비 감소율이 더 높다.
>
> ④ 2021년의 '가' 사업장의 전년대비 증가율은 18.1%, '나' 사업장의 전년대비 증가율은 19.4%로
> 1.3%p 차이가 난다.

07 다음은 발생장소별 노인학대 인정사례 건수와 구성비에 대한 예시자료이다. 이에 대한 설명으로 옳지 않은 것은?

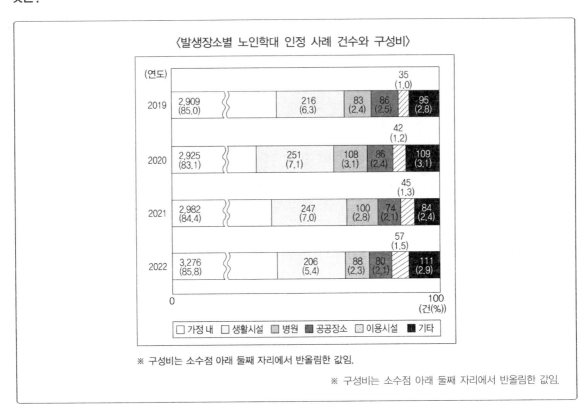

① 총 조사기간 동안 매년 가정 내에서 발생한 노인학대가 가장 높은 비율을 차지한다.

② 총 조사기간 동안 병원에서 발생한 노인학대 중 2021년에 발생한 건은 26.4%의 비중을 차지한다.

③ 총 노인학대 발생 건수는 매년 증가하고 있다.

④ 2022년 가정 내에서 발생한 노인학대 건수는 2019년 총 노인학대 발생 건수 보다 많다.

✅**TIP** ④ 2019년 총 노인학대 발생 건수는 3,424건으로 2022년 가정 내에서 발생한 노인학대 건수 3,276건으로 2019년 총 노인학대 발생 건수가 더 많다.

① 조사기간 동안 가정 내에서 발생한 노인학대 건수가 가장 큰 비중을 차지한다.

② 조사기간 동안 병원에서 발생한 노인학대 건수는 총 379건, 2021년에 발생한 노인학대 건수는 100건으로 $\frac{100}{379} \times 100 = 26.4\%$를 차지한다.

③ 총 노인학대 발생건수는 2019 – 3,424건, 2020 – 3,521건, 2021 – 3,532건, 2022 – 3,818건으로 매년 증가하고 있다.

08 다음은 ◇◇기업 지원자의 인턴 및 해외연수 경험과 합격여부에 관한 자료이다. 주어진 자료에 대한 설명으로 옳은 것은?

〈A 기업 지원자의 인턴 및 해외연수 경험과 합격여부〉

인턴경험	해외연수 경험	합격여부	
		합격	불합격
있음	있음	53	414
	없음	11	37
없음	있음	0	16
	없음	4	139

※ 1) 합격률 $= \dfrac{\text{합격자 수}}{\text{합격자 수} + \text{불합격자 수}} \times 100$

　2) 합격률은 소수점 아래 둘째 자리에서 반올림한다.

① 합격률은 모든 항목에서 1% 이상이다.
② 합격인원이 가장 많은 항목이 합격률도 가장 높다.
③ 해외연수 경험이 있는 지원자보다 경험이 없는 지원자의 합격률이 더 높다.
④ 총 지원자 수는 700명 이상이다.

☑**TIP** ③ 주어진 자료를 주면 해외연수 경험이 있는 지원자보다 해외연수 경험이 없는 지원자들의 합격률이 더 높은 것을 확인할 수 있다.
　① 인턴경험 없이 해외연수 경험이 있는 지원자들의 합격률은 0%로 1% 이하이다.
　② 합격인원이 가장 많은 항목은 인턴경험이 있고 해외연수 경험이 있는 지원자 집단으로 합격률은 11.3%이다. 인턴경험이 있고 해외연수 경험이 없는 지원자는 합격인원은 11명이지만 합격률은 22.9%로 가장 높다.
　④ 총 지원자 수는 합격자와 불합격자의 수를 더하여 구할 수 있다. 총 지원자 수는 674명으로 700명 이상이 아니다.

09 2023년 공채로 채용된 사무직, 연구직, 기술직, 고졸사원은 모두 2,000명이었고, 인원 현황은 다음과 같다. 2024년도에도 2,000명이 채용되는데, 사무직, 연구직, 기술직, 고졸사원의 채용 비율을 20 : 10 : 6 : 4로 변경할 방침이다. 이에 대한 설명으로 적절한 것은?

⟨2023년 공채로 채용된 직원⟩

구분	사무직	연구직	기술직	고졸사원
인원수	1,100명	200명	400명	300명

① 2024년 기술직 사원수는 2023년 기술직 사원수보다 늘어날 것이다.
② 2024년 사무직 사원수는 전체 채용 인원의 절반이 될 것이다.
③ 2024년 연구직 사원수는 전년대비 3배 이상 증가할 것이다.
④ 2024년 고졸사원수는 2023년 채용된 고졸사원수보다 늘어날 것이다.

✅TIP 2024년 채용되는 직무별 사원수를 구하면 사무직 1000명, 연구직 500명, 기술직 300명, 고졸사원 200명이다. 기술직 사원의 수는 전년도 대비 감소하며, 연구직 사원은 전년도 대비 300명 증가하며, 2024년의 고졸사원의 수는 2023년보다 감소한다.

10 다음은 A, B, C 병원에서 신속항원검사 양성을 받은 후 甲, 乙, 丙 선별진료소에서 PCR 검사를 받은 확진 자 수를 나타낸 표이다. 신속항원검사 결과 양성을 받은 전체 환자들 중 甲, 乙, 丙 선별진료소에서 PCR 검사를 받은 환자 비율은 각각 얼마인가? (단, 반올림하여 소수 첫째자리까지만 표시함)

PCR 검사 / 신속항원검사	甲 선별진료소	乙 선별진료소	丙 선별진료소
A병원	23	16	20
B병원	15	20	26
C병원	18	28	22

	甲 선별진료소	乙 선별진료소	丙 선별진료소
①	32.2%	33.6%	35.2%
②	29.8%	34.0%	36.2%
③	28.6%	33.5%	37.9%
④	27.5%	35.4%	37.1%

✅TIP 병원에서 신속항원검사 양성을 판정 받은 전체 환자의 수는 주어진 표의 환자 수 총계이므로 188명이 된다. 이 중 甲, 乙, 丙 선별진료소에서 PCR 검사를 받은 환자의 수는 각각 23 + 15 + 18 = 56명, 16 + 20 + 28 = 64명, 20 + 26 + 22 = 68명이 되므로 각 대학병원에서 진료 받은 환자들의 비율은 甲 선별진료소가 56 ÷ 188 × 100 = 약 29.8%, 乙 선별진료소가 64 ÷ 188 × 100 = 약 34.0%, 丙 선별진료소가 68 ÷ 188 × 100 = 약 36.2%가 된다.

11 다음은 사원 매출 현황 보고서이다. 가장 매출액이 큰 사원은 누구인가?

(단위 : 천 원)

사원 번호	이름	부서	1사분기	2사분기	3사분기	4사분기	합계	평균
ZH1001	김성은	영업부	8,602	7,010	6,108	5,058	26,778	6,695
ZH1002	윤두현	개발부	8,872	5,457	9,990	9,496	33,815	8,454
ZH1003	노정희	총무부	8,707	6,582	9,638	7,837	32,764	8,191
ZH1004	강일중	영업부	6,706	7,432	6,475	4,074	26,687	6,672
ZH1005	황인욱	영업부	7,206	8,780	8,034	5,832	29,852	7,463
ZH1006	노성일	영업부	9,142	6,213	6,152	9,699	31,206	7,802
ZH1007	전용국	개발부	6,777	8,104	8,204	7,935	31,020	7,755
ZH1008	박민하	총무부	6,577	8,590	9,726	8,110	33,003	8,251
ZH1009	백금례	영업부	9,468	9,098	8,153	9,082	35,801	8,950
ZH1010	서은미	개발부	5,945	7,873	5,168	9,463	28,449	7,112

① 윤두현
② 노정희
③ 박민하
④ 백금례

 TIP ④ 총매출액 35,801,000원으로 가장 매출액이 크다.

12 다음은 A도시의 생활비 지출에 관한 자료이다. 연령에 따른 전년도 대비 지출 증가비율을 나타낸 것이라 할 때 작년에 비해 지출이 감소하였을 곳에 해당하는 곳은?

연령(세) 품목	24세 이하	25 ~ 29	30 ~ 34	35 ~ 39	40 ~ 44	45 ~ 49	50 ~ 54	55 ~ 59	60 ~ 64	65세 이상
식료품	7.5	7.3	7.0	5.1	4.5	3.1	2.5	2.3	2.3	2.1
의류	10.5	12.7	-2.5	0.5	-1.2	1.1	-1.6	-0.5	-0.5	-6.5
신발	5.5	6.1	3.2	2.7	2.9	-1.2	1.5	1.3	1.2	-1.9
의료	1.5	1.2	3.2	3.5	3.2	4.1	4.9	5.8	6.2	7.1
교육	5.2	7.5	10.9	15.3	16.7	20.5	15.3	-3.5	-0.1	-0.1
교통	5.1	5.5	5.7	5.9	5.3	5.7	5.2	5.3	2.5	2.1
오락	1.5	2.5	-1.2	-1.9	-10.5	-11.7	-12.5	-13.5	-7.5	-2.5
통신	5.3	5.2	3.5	3.1	2.5	2.7	2.7	-2.9	-3.1	-6.5

① 전 연령 식료품

② 34세 이하 교육

③ 30세 이상 오락

④ 65세 이상 교통

⊘TIP 마이너스가 붙은 수치들은 전년도에 비해 지출이 감소했음을 뜻하므로 주어진 보기 중 마이너스 부호가 붙은 것을 찾으면 된다. 식료품, 34세 이하 교육, 65세 이상 교통 모두 플러스 부호에 해당하므로 전부 지출이 증가하였고, 30세 이상 오락은 지출이 감소하였다.

13 다음은 A 회사의 2010년과 2020년의 출신 지역 및 직급별 임직원 수에 대한 자료이다. 이에 대한 설명으로 옳지 않은 것은?

〈2010년의 출신 지역 및 직급별 임직원 수〉

(단위 : 명)

직급＼지역	서울 · 경기	강원	충북	충남	경북	경남	전북	전남	합계
이사	0	0	1	1	0	0	1	1	4
부장	0	0	1	0	0	1	1	1	4
차장	4	4	3	3	2	1	0	3	20
과장	7	0	7	4	4	5	11	6	44
대리	7	12	14	12	7	7	5	18	82
사원	19	38	41	37	11	12	4	13	175
합계	37	54	67	57	24	26	22	42	329

〈2020년의 출신 지역 및 직급별 임직원 수〉

(단위 : 명)

직급＼지역	서울 · 경기	강원	충북	충남	경북	경남	전북	전남	합계
이사	3	0	1	1	0	0	1	2	8
부장	0	0	2	0	0	1	1	0	4
차장	3	4	3	4	2	1	1	2	20
과장	8	1	14	7	6	7	18	14	75
대리	10	14	13	13	7	6	2	12	77
사원	12	35	38	31	8	11	2	11	148
합계	36	54	71	56	23	26	25	41	332

① 출신 지역을 고려하지 않을 때, 2010년과 2020년의 차장의 수는 동일하다.

② 출신 지역별로 비교할 때, 2020년의 경우 해당 지역 출신 임직원 중 과장의 비율은 전라북도가 가장 높다.

③ 2010년에 비해 2020년에 과장의 수는 증가하였다.

④ 2010년에 비해 2020년에 대리의 수가 늘어난 출신 지역은 대리의 수가 줄어든 출신 지역에 비해 많다.

    ✅**TIP** 2010년에 비해 2020년에 대리의 수가 늘어난 출신 지역은 서울 · 경기, 강원, 충남 3곳이고, 대리의 수가 줄어든 출신 지역은 충북, 경남, 전북, 전남 4곳이다.

14 다음은 어느 산의 5년 동안 산불 피해 현황을 나타낸 예시표이다. 다음 표에 대한 설명으로 옳은 것은?

구분	2024년	2023년	2022년	2021년	2020년
입산자실화	185	232	250	93	217
논밭두렁 소각	63	95	83	55	110
쓰레기 소각	40	41	47	24	58
어린이 불장난	14	13	13	4	20
담배불실화	26	60	51	43	60
성묘객실화	12	24	22	31	63
기타	65	51	78	21	71
합계	405	516	544	271	599

① 2021년 산불피해건수는 전년에 비해 감소하였다.

② 산불피해건수는 해마다 꾸준히 증가하고 있다.

③ 5년 동안 산불피해건수에서 평균이 제일 낮은 것은 성묘객실화이다.

④ 입산자실화에 의한 산불피해 건수는 2021년에 가장 많았다.

    ✅**TIP** ② 2020년부터 산불은 증가와 감소를 반복하고 있다.

          ③ 입산자실화 195.40, 논밭두렁 소각 81.20, 쓰레기 소각 42.00, 어린이 불장난 12.80, 담뱃불실화 48.00, 성묘객실화 30.40, 기타 57.20으로 어린이 불장난이 제일 낮다.

          ④ 입산자실화에 의한 산불피해 건수는 2022년에 가장 많았다.

15 다음은 어떤 학교의 우유 급식 현황을 나타낸 것이다. 이를 통해 알 수 있는 것은?

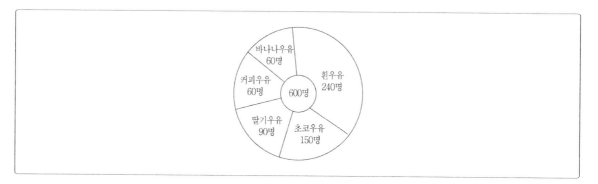

① 흰우유를 마시는 학생은 전체 학생의 40%이다.

② 초코우유를 마시는 학생은 바나나우유를 마시는 학생의 1.5배이다.

③ 전체 학생의 20%는 딸기우유를 마신다.

④ 초코우유와 딸기우유를 마시는 학생의 합은 흰우유를 마시는 학생보다 많다.

✅**TIP** ① 전체 학생은 600명, 흰우유를 마시는 학생은 240명이므로 $\frac{240}{600} \times 100 = 40\%$이다.

② 초코우유를 마시는 학생은 바나나우유를 마시는 학생의 2.5배이다.

③ 전체 학생의 15%가 딸기우유를 마신다.

④ 초코우유와 딸기우유를 마시는 학생의 합은 흰우유를 마시는 학생 수와 동일하다.

16 다음은 A 드라마의 시청률을 나타낸 그래프이다. 그래프에 대한 설명으로 옳은 것은?

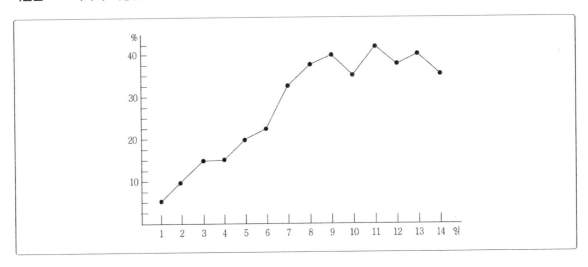

① A 드라마의 시청률은 꾸준히 감소하고 있다.

② 9일 이후 A 드라마의 시청률은 꾸준히 하락하고 있다.

③ 13일에 A 드라마는 최고 시청률을 기록하였다.

④ 3일의 시청률은 1일의 시청률보다 3배 증가하였다.

    ✓TIP ④ 3일의 시청률은 15%로 1일의 시청률 5%보다 3배 증가하였다.

        ① A 드라마는 시청률이 증가, 감소를 반복하고 있다.

        ② 9일 이후 A드라마의 시청률은 증가, 감소를 반복하고 있다.

        ③ A 드라마는 11일에 최고 시청률을 기록하였다.

| 17 ~ 18 | 다음은 어느 음식점의 메뉴별 판매비율을 나타낸 것이다. 물음에 답하시오.

(단위 : %)

메뉴	2021년	2022년	2023년	2024년
A	17.0	26.5	31.5	36.0
B	24.0	28.0	27.0	29.5
C	38.5	30.5	23.5	15.5
D	14.0	7.0	12.0	11.5
E	6.5	8.0	6.0	7.5

17 2024년 판매개수가 1,500개라면 A 메뉴의 판매개수는 몇 개인가?

① 500개
② 512개
③ 535개
④ 540개

✔**TIP** 2024년 A메뉴 판매비율은 36.0%이므로
판매개수는 $1,500 \times 0.36 = 540$(개)

18 다음 중 옳지 않은 것은?

① A 메뉴의 판매비율은 꾸준히 증가하고 있다.
② C 메뉴의 판매비율은 4년 동안 50% 이상 감소하였다.
③ 2021년과 비교할 때 E 메뉴의 2024년 판매비율은 3%p 증가하였다.
④ 2021년 C 메뉴의 판매비율이 2024년 A 메뉴 판매비율보다 높다.

✔**TIP** 2021년 E 메뉴 판매비율 6.5%, 2024년 E 메뉴 판매비율 7.5%이므로 1%p 증가하였다.

✔**Answer** 16.④ 17.④ 18.③

┃ 19 ~ 20 ┃ 다음은 국내 온실가스 배출현황을 나타낸 예시표이다. 물음에 답하시오.

(단위 : 백만 톤 CO_2 eq.)

구분	2017년	2018년	2019년	2020년	2021년	2022년	2023년
에너지	467.5	473.9	494.4	508.8	515.1	568.9	597.9
산업공정	64.5	63.8	60.8	60.6	57.8	62.6	63.4
농업	22.0	21.8	21.8	21.8	22.1	22.1	22.0
폐기물	15.4	15.8	14.4	14.3	14.1	( )	14.4
LULUCF	− 36.3	− 36.8	− 40.1	− 42.7	− 43.6	− 43.7	− 43.0
순배출량	533.2	538.4	551.3	562.7	565.6	624.0	654.7
총배출량	569.4	575.3	591.4	605.5	609.1	667.6	697.7

19 2022년 폐기물로 인한 온실가스 배출량은? (단, 총배출량 = 에너지 + 산업공정 + 농업 + 폐기물)

① 14.0　　　　　　　　　　② 14.1

③ 14.2　　　　　　　　　　④ 14.3

✅**TIP** $x = 667.6 - (568.9 + 62.6 + 22.1) = 14.0$

20 전년대비 총배출량 증가율이 가장 높은 해는?

① 2020년　　　　　　　　　② 2021년

③ 2022년　　　　　　　　　④ 2023년

✅**TIP** ③ 2022년 : $\dfrac{667.6 - 609.1}{609.1} \times 100 ≒ 9.6(\%)$

① 2020년 : $\dfrac{605.5 - 591.4}{591.4} \times 100 ≒ 2.4(\%)$

② 2021년 : $\dfrac{609.1 - 605.5}{605.5} \times 100 ≒ 0.6(\%)$

④ 2023년 : $\dfrac{697.7 - 667.6}{667.6} \times 100 ≒ 4.5(\%)$

┃ 21 ~ 22 ┃ 다음은 2020 ~ 2024년 '갑'국의 해양사고 심판현황이다. 물음에 답하시오.

(단위 : 건)

구분＼연도	2020년	2021년	2022년	2023년	2024년
전년 이월	96	100	㉡	71	89
해당 연도 접수	226	223	168	㉢	252
심판대상	322	㉠	258	275	341
재결	222	233	187	186	210

※ 심판대상 중 재결이 되지 않은 건은 다음 연도로 이월함

21 빈칸 ㉠, ㉡, ㉢에 들어가는 숫자는?

	㉠	㉡	㉢		㉠	㉡	㉢
①	301	79	150	②	319	95	350
③	323	90	204	④	379	150	175

✅**TIP** ㉠ 2021년 심판대상으로 2021년 전년 이월(100) + 해당 연도 접수(223)으로 323이 나온다.
　　㉡ 2022년 전년이월로 2021년의 심판대상(323) − 재결(233)로 90이 나온다.
　　㉢ 2023년 해당 연도 접수으로 2023년 심판대상(275) − 전년 이월(71)을 하면 204가 나온다.

22 자료를 바르게 분석한 것은?

① 심판대상은 매년 증가하고 있다.

② 심판대상에서 전년 이월 비중은 2022년이 2020년보다 높다.

③ 전년 이월이 가장 많은 연도에는 재결이 가장 적다.

④ 재결이 되는 건수가 가장 적은 연도에는 해당 연도 접수 건수도 가장 적다.

✅**TIP** ② 2020년의 전년 이월 비중은 $\frac{96}{322} \times 100 = 29.8\%$이고,

　　2022년의 전년 이월 비중은 $\frac{90}{258} \times 100 = 34.9\%$로 2022년의 비중이 더 높다.

① 심판대상은 증가와 감소가 반복되고 있다.

③ 전년 이월이 가장 많은 연도는 2021년이다. 해당 연도 재결 역시 가장 많다.

④ 재결이 되는 건수가 가장 적은 연도는 2023년이다. 해당 연도 접수가 가장 적은 연도는 2022년이다.

✅**Answer** 19.① 20.③ 21.③ 22.②

PART 분석

- 추리능력은 크게 수 · 문자추리, 도형추리 과학추리의 유형으로 구성된다.
- 수 · 문자추리는 제시된 숫자나 문자가 가진 규칙성을 찾아 빈칸에 들어갈 값을 구하는 유형의 문제이다.
- 도형추리는 규칙을 가지고 변화하는 몇 개의 도형을 나열한 후 다음에 이어질 도형을 추리하는 유형의 문제이다.
- 과학추리는 주로 물리 관련 문제들이 출제된다. 운동법칙 등의 과학상식 문제이다.

PART

II

추리능력

수·문자추리

제시된 숫자나 문자가 가진 규칙성을 찾아 빈칸에 들어갈 값을 구하는 유형의 문제이다.

📩 CHECK POINT

수·문자추리는 추리능력의 전반부에 다수 출제되는 유형으로 난이도가 어렵지는 않지만 짧은 시간에 빠르게 해결하고 넘어가야 하므로 반복적인 연습이 요구된다. 수·문자추리에서 시간을 많이 소요하면 과학추리와 도형추리에서 낭패를 볼 수 있으므로, 바로 해결되지 않는 문제의 경우 과감하게 포기하고 다음 문제로 넘어가는 결단성도 필요하다.

1 피보나치수열

이탈리아의 수학자인 피보나치(E. Fibonacci)가 고안해 낸 수열로서 첫 번째 항의 값이 0이고 두 번째 항의 값이 1일 때, 이후의 항들은 이전의 두 항을 더한 값으로 이루어지는 수열을 말한다. 이를테면, 제3항은 제1항과 제2항의 합, 제4항은 제2항과 제3항의 합이 되는 것과 같이, 인접한 두 수의 합이 그 다음 수가 되는 수열이다. 즉, 0, 1, 1, 2, 3, 5, 8, 13, 21, 34, 55,… 인 수열이며, 보통 $a_1 = a_2 = 1$, $a_n + a_{n+1} = a_{n+2}$ (n = 1, 2, 3…) 로 나타낸다.

2 계차수열

수열 a_n에서 $a_n - a_{n-1}$을 계차라고 하고 계차로 이루어지는 수열을 계차수열이라 한다.

$$a_1 \qquad a_2 \qquad a_3 \qquad \cdots\cdots \qquad a_{n-1} \qquad a_n$$
$$\vee \qquad\quad \vee \qquad\qquad\qquad\qquad \vee$$
$$b_1 \qquad\quad b_2 \qquad \cdots\cdots \qquad b_{n-1}$$

$b_n = a_{n+1} - a_n$(단, n = 1, 2, 3, …)

3 등차수열

각 항이 그 앞의 항에 일정한 수를 더한 것으로 이루어진 수열이다. 수열 a_1, a_2, a_3, ..., a_n에서 $a_n = a_{n-1} + d$ 인 관계식이 성립되는 수열을 말한다. 이때 일정한 차를 공차라고 한다.

4 등비수열

각 항이 그 앞의 항에 일정한 수를 곱한 것으로 이루어진 수열이다. 즉, 어떤 수 a에 차례로 일정한 수 r을 곱해서 만들어진 수열 a, ar, ⋯, ar^{n-1}, ar^n을 등비수열이라 하고 a를 첫째항, r을 공비라고 한다.

5 조화수열

각 항($A_n > 0$)의 역수가 등차수열을 이루는 수열을 가리킨다.

$1, \dfrac{1}{2}, \dfrac{1}{3}, \dfrac{1}{4}$이나 $1, \dfrac{1}{3}, \dfrac{1}{5}, \dfrac{1}{7}, \dfrac{1}{9}$이 조화수열이다.

6 군수열

일정한 규칙성으로 몇 항씩 묶어서 나눈 수열이다.

예 1   1   3   1   3   5   1   3   5   7   1   3   5   7   9

→ (1)   (1   3)   (1   3   5)   (1   3   5   7)   (1   3   5   7   9)

7 묶음형 수열

수열이 몇 개씩 묶어서 제시되어 묶음에 대한 규칙을 빠르게 찾아내야 한다.

예 $\dfrac{1\ 2\ 3}{1+2=3}$ $\dfrac{3\ 4\ 7}{3+4=7}$ $\dfrac{5\ 6\ 11}{5+6=11}$

CHAPTER.01

기출문제 맛보기

┃01 ~ 04┃ 다음은 일정한 규칙에 따라 배열한 수열이다. 빈칸에 들어갈 수 또는 문자를 고르시오.

01

> 5 6 12 15 (   ) 65 390

① 50
② 55
③ 60
④ 65

> **Advice**
>
> + 1, × 2, + 3, × 4, …으로 변화한다.
> ∴ 15 × 4 = 60
>
> 답 ③

02

> 3 3 3 6 18 (   ) 710

① 70
② 71
③ 83
④ 90

> **Advice**
>
> 피보나치수열(1, 1, 2, 3, 5, 8, …)이 차례로 곱해지고 있으므로 빈칸에 들어갈 수는 18×5 = 90이다.
>
> 답 ④

03

2 4 9 20 43 90 (   )

① 170　　　　　　　　　　　　　② 175

③ 180　　　　　　　　　　　　　④ 185

 Advice

×2, ×2 + 1, ×2 + 2, ×2 + 3, …으로 변화한다.
∴ 90 × 2 + 5 = 185

답 ④

04

A − T − F − O − (   ) − J − P

① I　　　　　　　　　　　　　② K

③ M　　　　　　　　　　　　　④ O

 Advice

A	B	C	D	E	F	G	H	I	J	K	L	M	N	O	P	Q	R	S	T
1	2	3	4	5	6	7	8	9	10	11	12	13	14	15	16	17	18	19	20

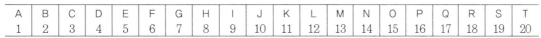

A(1) − T(20) − F(6) − O(15) − (?) − J(10) − P(16)
홀수 항은 5씩 증가, 짝수 항은 5씩 감소하므로 빈칸에 들어갈 문자는 K(11)이다.

답 ②

---

05 다음 중 나머지 보기와 다른 관계인 것은?

① ADEH　　　　　　　　　　　② 1457

③ ㄱㄹㅁㅇ　　　　　　　　　　④ Ⅰ Ⅳ Ⅴ Ⅷ

 Advice

② 14580이어야 나머지와 동일한 규칙이 된다.
① 알파벳 순서 14580이다.
③ 자음순서 14580이다.
④ 로마자 14580이다.

답 ②

실력다지기

┃01 ~ 06┃ 다음은 일정한 규칙에 따라 배열한 수열이다. 빈칸에 알맞은 것을 고르시오.

01

| 12   13   15   18   22   (   ) |

① 27   ② 26

③ 25   ④ 24

  ✅**TIP** 주어진 수열은 첫 번째 항부터 + 1, + 2, + 3, + 4, …로 변화한다. 따라서 빈칸에 들어갈 수는 22 + 5 = 27이다.

02

| 14   23   32   41   50   59   (   ) |

① 70   ② 69

③ 68   ④ 67

  ✅**TIP** 주어진 수열은 $5 + 9n(n = 1, 2, 3, \cdots)$의 규칙으로 진행된다. 따라서 빈칸에 들어갈 수는 $5 + 9 \times 7 = 68$이다.

03

| 549   567   585   603   612   621   (   ) |

① 636   ② 634

③ 632   ④ 630

  ✅**TIP** 주어진 수열은 주어진 수에 각 자리의 수를 더하면 다음 수가 되는 규칙을 가지고 있다. 따라서 빈칸에 들어갈 수는 621 + 6 + 2 + 1 = 630이다.

04

| | 13 | 15 | 18 | 23 | 30 | 41 | 54 | ( ) |

① 67   ② 71

③ 73   ④ 77

✓ **TIP** 주어진 수열은 첫 번째 항부터 소수가 순서대로 더해지는 규칙을 가지고 있다. 따라서 빈칸에 들어갈 수는 54 + 17 = 71이다.

05

| | 8 | 13 | 21 | 34 | 55 | 89 | ( ) |

① 102   ② 119

③ 137   ④ 144

✓ **TIP** 주어진 수열은 세 번째 항부터 앞의 두 항을 더한 값이 다음 항이 되는 규칙을 가지고 있다. 따라서 빈칸에 들어갈 수는 55 + 89 = 144이다.

06

| | 16 | 81 | 8 | 27 | 4 | ( ) | 2 |

① 6   ② 9

③ 12   ④ 15

✓ **TIP** 홀수 항은 $\frac{1}{2}$씩, 짝수 항은 $\frac{1}{3}$씩 변화하고 있다.

07

A − E − I − M − ( )

① P   ② Q

③ R   ④ S

✅**TIP** 문자를 숫자에 대입하면 다음과 같다.

1	2	3	4	5	6	7	8	9	10	11	12	13	14	15	16	17
A	B	C	D	E	F	G	H	I	J	K	L	M	N	O	P	Q

A(1)−E(5)−I(9)−M(13)은 + 4씩 더해지므로 정답은 Q(17)이다.

08

D − E − H − M − ( )

① Q   ② R

③ S   ④ T

✅**TIP** 문자에 숫자를 대입하면 D(4)−E(5)−H(8)−M(13)이다.
처음의 문자에서 1, 3, 5의 순서로 변하므로 빈칸에는 앞의 글자에 7을 더한 문자 T가 와야 한다.

09

G − I − L − P − ( )

① S   ② T

③ U   ④ V

✅**TIP** 문자에 숫자를 대입하면 G(7)−I(9)−L(12)−P(16)이다.
처음의 문자에서 2, 3, 4의 순서로 변하므로 빈칸에는 앞의 문자에 5를 더한 문자 U가 와야 한다.

┃10～13┃ 다음 밑줄 친 수들의 규칙을 찾아 빈칸에 들어갈 수를 고르시오.

10

$\underline{2\ 3\ 6\ 5\ 11}$　　$\underline{4\ 7\ 28\ 2\ 30}$　　$\underline{2\ 1\ (\ \ \ )\ 1\ 3}$

① 0　　　　　　　　　　　　　② 1

③ 2　　　　　　　　　　　　　④ 3

✓**TIP** 2 3 6 5 11에서 첫 번째 수와 두 번째 수를 곱하면 세 번째 수가 나온다. 세 번째 수에서 네 번째
수를 더하면 다섯 번째 수가 나온다.
∴ (　　) 안에 들어갈 수는 2 × 1 = 2가 된다.

11

$\underline{7\ 3\ (\ \ \ )}$　　　$\underline{10\ 4\ 6}$　　$\underline{8\ 1\ 7}$

① 2　　　　　　　　　　　　　② 4

③ 20　　　　　　　　　　　　　④ 24

✓**TIP** 첫 번째 수에서 두 번째 수를 빼면 세 번째 수가 나온다.
∴ (　　) 안에 들어갈 수는 7 − 3 = 4

12

$\underline{4\ 3\ 7\ 10}$　　$\underline{5\ 4\ 9\ 13}$　　$\underline{-2\ (\ \ \ )\ -7\ -12}$

① 0　　　　　　　　　　　　　② − 1

③ − 3　　　　　　　　　　　　④ − 5

✓**TIP** 첫 번째 수와 두 번째 수를 더하면 세 번째 수가 나온다.
두 번째 수와 세 번째 수를 더하면 네 번째 수가 나온다.
∴ (　　) 안에 들어갈 수는 − 2 + (　　) = − 7이므로 − 5가 된다.

✓**Answer** 07.② 08.④ 09.③ 10.③ 11.② 12.④

13

> 1 3 3   2 4 8   4 6 ( )

① 10　　　　　　　　　　　　　② 12

③ 24　　　　　　　　　　　　　④ 30

✅TIP 첫 번째 수에 두 번째 수를 곱하면 세 번째 수가 나온다.
∴ ( )안에 들어갈 수는 4 × 6 = 24

|14～18| 다음 중 나머지와 다른 하나를 고르시오.

14 ① AADB　　　　　　　　　② 다다마라

③ ㄹㄹㅂㅁ　　　　　　　　④ HHJI

✅TIP 한글 자음 또는 알파벳 순서의 앞쪽에 있는 것이 두 번 반복되고, 그것보다 2개 뒤쪽의 것이 세 번째에 오고 마지막으로 그 둘의 사이에 있는 문자가 온다. 따라서 ①은 'AACB'가 되어야 ②③④와 동일해진다.

15 ① 가갸갸거　　　　　　　② AEEA

③ EIIO　　　　　　　　　④ 로료료루

✅TIP 한글 모음 또는 알파벳 모음의 앞쪽에 있는 것이 맨 앞에 오고, 바로 뒤에 있는 모음이 두 번 반복된 후 그 다음 모음이 온다. 따라서 ②는 'AEEI'가 되어야 ①③④와 동일해진다.

16 ① ㄱㄴㄷㄱ　　　　　　　② ㅏㅑㅓㅏ

③ 1232　　　　　　　　　④ ABCA

✅TIP 한글 자모 또는 알파벳, 숫자가 차례로 세 개가 온 후 다시 맨 앞의 것이 온다. 따라서 ③은 '1231'이 되어야 ①②④와 동일해진다.

17 ① 고코고코   ② 도토도토

③ 조초조초   ④ 코호코호

⌘**TIP** 한글 자음의 예사소리와 거센소리가 한 번씩 번갈아오고 있다.

18 ① 그느드르   ② 1234

③ 아어오우   ④ ABCD

⌘**TIP** 한글 자모 또는 알파벳, 숫자가 차례로 변하고 있다. 따라서 ③은 '아야어여'가 되어야 ①②④와 동일해진다.

| 19 ~ 20 | 다음 기호의 규칙을 보고 빈칸에 알맞은 것을 고르시오.

19

$$2 * 3 = 3 \quad 3 * 4 = 8 \quad 4 * 7 = 21 \quad 5 * 8 = 32 \quad 6 * (5 * 4) = (\quad)$$

① 74   ② 76

③ 78   ④ 80

⌘**TIP** 두 수를 곱한 후 뒤의 수를 다시 빼주고 있으므로
$(5*4) = 5 \times 4 - 4 = 16$, $6*16 = 6 \times 16 - 16 = 80$

20

$$4 \circ 8 = 5 \quad 7 \circ 8 = 11 \quad 9 \circ 5 = 9 \quad 3 \circ (7 \circ 2) = (\quad)$$

① 6   ② 13

③ 19   ④ 24

⌘**TIP** 두 수를 곱한 후 십의 자리 수와 일의 자리 수를 더하고 있으므로
$(7 \circ 2)$는 $7 \times 2 = 14$에서 $1 + 4 = 5$, $3 \circ 5$는 $3 \times 5 = 15$에서 $1 + 5 = 6$

⌘ **Answer** 13.③ 14.① 15.② 16.③ 17.④ 18.③ 19.④ 20.①

도형추리

📖 **출제경향**

규칙을 가지고 변화하는 몇 개의 도형을 나열한 후 다음에 이어질 도형을 추리하는 유형의 문제이다.

✉ **CHECK POINT**

정형화된 패턴에서 거의 벗어나지 않는 편으로 문제풀이를 통해 유형에 익숙해지면 수월하게 해결할 수 있다. 나열된 도형의 비교 포인트를 빠르게 찾아 규칙성을 파악하는 능력이 필요하다.

유형별 분류

유형	예시
직선 문제	Q. 다음 도형들의 일정한 규칙을 찾아 "?"에 들어갈 도형을 고르시오
사각형 문제	Q. 다음 도형들의 일정한 규칙을 찾아 빈칸에 들어갈 도형을 고르시오
관계 문제	Q. 다음에서 왼쪽 도형의 관계를 보고 "?"에 들어갈 도형을 고르시오.

기출문제 맛보기

▎01 ~ 03 ▎ 주어진 도형들의 일정한 규칙을 찾아 ?에 들어갈 도형으로 알맞은 것을 고르시오.

01

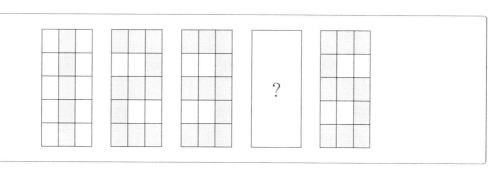

①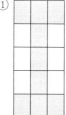

②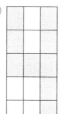

③

④

📋 **Advice**

디지털 숫자를 나타내는 모양을 표로 변환한 것이다. 물음표에는 숫자 4에 해당하는 모양이 들어가야 하므로 ②가 정답이다.

답 ②

02

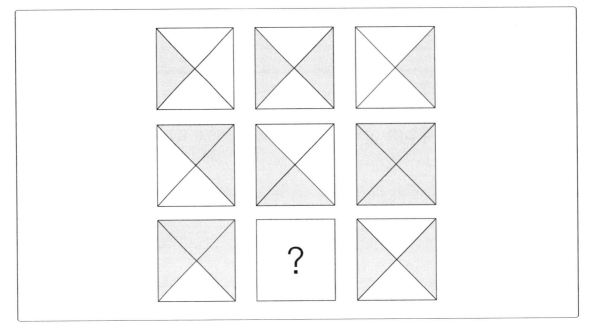

①    ②

③   ④

📋 **Advice**

같은 행의 왼쪽 두 사각형을 합치면 마지막 사각형이 된다. 단, 색이 겹친 곳은 색칠되지 않는다.

답 ①

03

ㄱ ㅏ ㅈ 1	ㄷ ㅑ ㅊ 3	?	ㅅ ㅕ ㅌ 7	ㅈ ㅗ ㅍ 9

①
ㅁ	ㅓ
ㅋ	5

②
ㅂ	ㅗ
ㅎ	3

③
ㄹ	ㅏ
ㅎ	1

④
ㄴ	ㅜ
ㅍ	2

📑 **Advice**

①	②
③	④

①번 칸은 기본 자음이 ㄱ – ㄷ – ㅁ – ㅅ – ㅈ 순서로 'ㅁ'이다.
②번 칸은 기본 모음이 ㅏ – ㅑ – ㅓ – ㅕ – ㅗ 순서로 'ㅓ'이다.
③번 칸은 기본 자음이 ㅈ – ㅊ – ㅋ – ㅌ – ㅍ 순서로 'ㅋ'이다.
④번 칸은 숫자가 1 – 3 – 5 – 7 – 9 순서로 '5'이다.

📖 답 ①

실력다지기

|01 ~ 10| 다음 도형들의 일정한 규칙을 찾아 '?' 표시된 부분에 들어갈 도형을 고르시오.

01

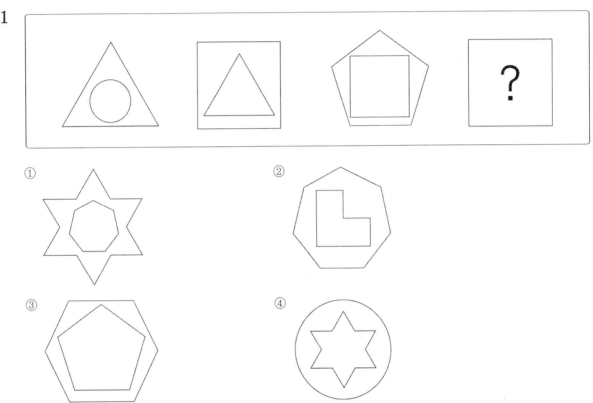

① ② ③ ④

☑**TIP** 제시된 도형의 경우 내부 도형과 외부 도형의 꼭지점이 하나씩 증가하는 규칙을 가지고 있다. 주어진 빈칸 앞의 외부 도형은 오각형으로 빈칸에는 외부도형이 육각형이 되고, 내부도형은 사각형에서 오각형이 된다.

02

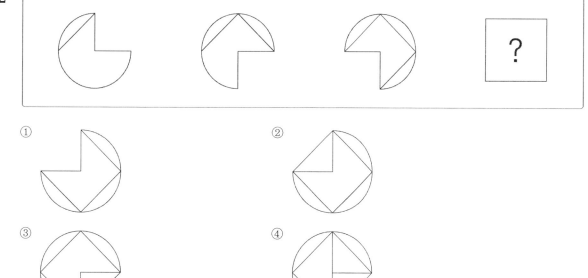

①   ②

③   ④

✅**TIP**   제시된 도형은 시계 방향으로 90°씩 회전하면서 선이 하나씩 추가되고 있다.

✅ **Answer**   01.③   02.②

03

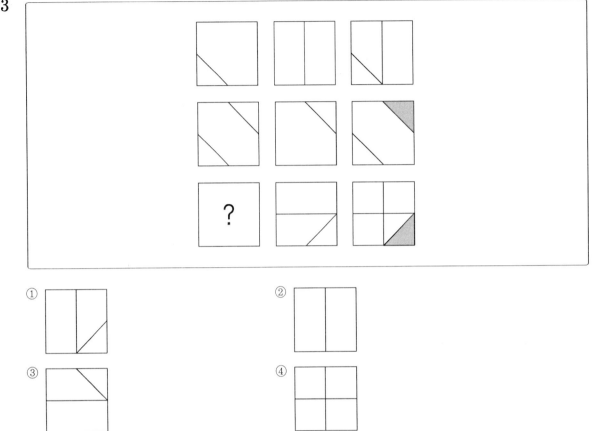

①

②

③

④

☑**TIP** 1열과 2열의 내부 도형과 선이 합쳐서 3열의 도형이 되며 내부 도형이 겹쳐지는 경우 3열에서 색칠되어 표시된다. 빈칸이 제시된 행의 3열을 보면 색칠된 도형이 있으므로 2열과 같은 위치에 삼각형이 있음을 알 수 있고 2열에 없는 세로선을 가지고 있음을 알 수 있다.

04

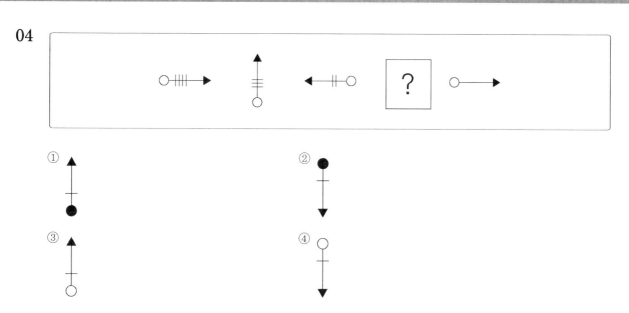

✅**TIP** 제시된 도형의 경우 화살표 방향이 시계 반대 방향으로 90°씩 회전하면서 중간의 선들이 하나씩 줄어들고 있다.

05

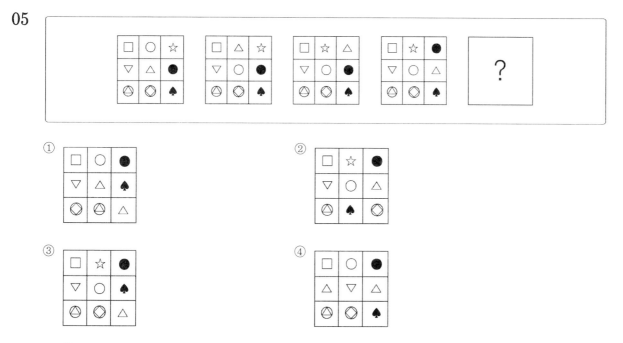

✅**TIP** △ 도형이 시계방향으로 인접한 부분의 도형과 자리를 바꾸어 가면서 이동하고 있다.

✅ **Answer** 03.① 04.④ 05.③

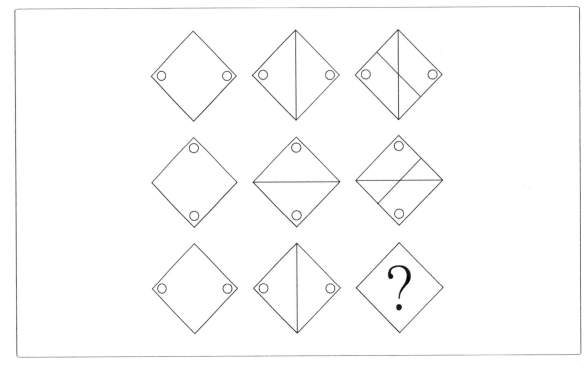

①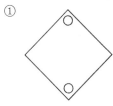

②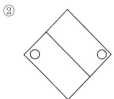

③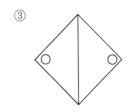

④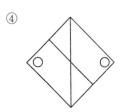

✅ **TIP** 2열은 1열에서 선이 하나 그어지고 3열은 2열에서 선이 하나 더 그어졌다. 또한 1행, 2행, 3행은 90°씩 회전하고 있다.

07

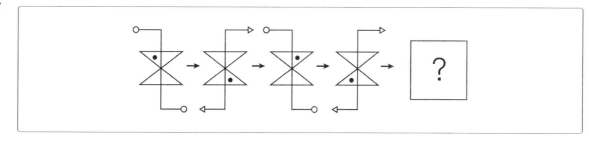

①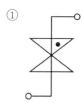

②

③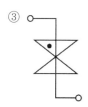

④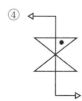

✅**TIP**　제시된 도형의 경우 첫 번째, 세 번째와 두 번째, 네 번째 도형으로 나누어 생각할 수 있다. 첫 번째, 세 번째 도형의 경우 모양은 같은 채 삼각형에 있는 검은색 원의 위치만 바뀌고 있으므로 다섯 번째에는 검은색 원이 왼쪽에 위치해야 한다.

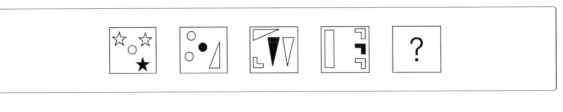

①

②

③

④

🗸**TIP** 제시된 문제는 도형의 종류와 그 수가 많아 법칙성을 찾기 어렵지만 잘 확인해보면, 처음 제시된 도형 중 하나만 제시된 것이 다음에서 다시 세 개로 변하고 있으며 세 개 중에 하나는 검은색이 된다.

09

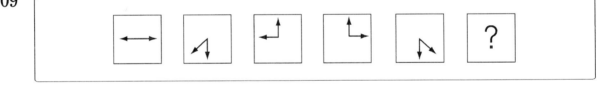

①

②

③

④

🗸**TIP** 4번째 그림부터 왼쪽 그림들과 오른쪽 그림들이 좌우대칭이 되고 있다.

10

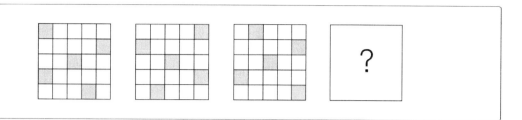

①

②

③

④

✅**TIP** 첫 번째 그림이 두 번째 그림과 좌우대칭으로 바뀌므로 세 번째 그림의 좌우대칭 그림이 온다.

CHAPTER 03 언어추리

1 명제

(1) 명제

그 내용이 참인지 거짓인지를 명확하게 판별할 수 있는 문장이나 식을 말한다.

(2) 가정과 결론

어떤 명제를 'P이면 Q이다.'처럼 조건문의 형태로 나타낼 때, P는 가정에 해당하고 Q는 결론에 해당한다. 명제 'P이면 Q이다.'는 $P \rightarrow Q$로 나타낸다.

(3) 역, 이, 대우

① **명제의 역** … 어떤 명제의 가정과 결론을 서로 바꾼 명제를 그 명제의 역이라고 한다.

예 명제 'P이면 Q이다.'($P \rightarrow Q$)의 역은 'Q이면 P이다.'($Q \rightarrow P$)가 된다.

② **명제의 이** … 어떤 명제의 가정과 결론을 부정한 명제를 그 명제의 이라고 한다. 부정형은 앞에 '~'을 붙여 나타낸다.

예 명제 'P이면 Q이다.'($P \rightarrow Q$)의 이는 'P가 아니면 Q가 아니다.'($\sim P \rightarrow \sim Q$)가 된다.

③ **명제의 대우** … 어떤 명제의 가정과 결론을 서로 바꾼 뒤, 가정과 결론을 모두 부정한 명제를 그 명제의 대우라고 한다. 즉, 어떤 명제의 역인 명제의 이는 처음 명제의 대우가 된다. 처음 명제와 대우 관계에 있는 명제의 참 · 거짓은 항상 일치한다. 그러나 역, 이 관계에 있는 명제는 처음 명제의 참 · 거짓과 항상 일치하는 것은 아니다.

예 명제 'P이면 Q이다.'($P \rightarrow Q$)의 대우는 'Q가 아니면 P가 아니다.'($\sim Q \rightarrow \sim P$)가 된다.

예 명제와 역, 이, 대우의 관계

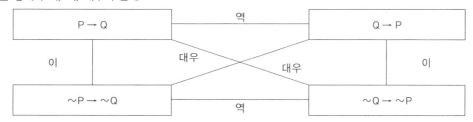

| $P \rightarrow Q$ | ── 역 ── | $Q \rightarrow P$ |

2 여러 가지 추론

(1) 연역추론

① **직접추론** … 한 개의 전제에서 새로운 결론을 이끌어 내는 추론이다.

② **간접추론** … 두 개 이상의 전제에서 새로운 결론을 이끌어 내는 추론이다.

    ㉠ **정언삼단논법** : '모든 A는 B다', 'C는 A다', '따라서 C는 B다'와 같은 형식으로 일반적인 삼단논법이다.

      예 • 대전제 : 인간은 모두 죽는다.

        • 소전제 : 소크라테스는 인간이다.

        • 결론 : 소크라테스는 죽는다.

    ㉡ **가언삼단논법** : '만일 A라면 B다', 'A이다', '그러므로 B다'라는 형식의 논법이다.

      예 • 대전제 : 봄이 오면 뒷 산에 개나리가 핀다.

        • 소전제 : 봄이 왔다.

        • 결론 : 그러므로 뒷 산에 개나리가 핀다.

    ㉢ **선언삼단논법** : 'A거나 B이다'라는 형식의 논법이다.

      예 • 대전제 : 내일은 눈이 오거나 바람이 분다.

        • 소전제 : 내일은 눈이 오지 않는다.

        • 결론 : 그러므로 내일은 바람이 분다.

(2) 귀납추론

특수한 사실로부터 일반적이고 보편적인 법칙을 찾아내는 추론 방법이다.

① **통계적 귀납추론** … 어떤 집합의 구성 요소의 일부를 관찰하고 그것을 근거로 하여 같은 종류의 모든 대상들에게 그 속성이 있을 것이라는 결론을 도출하는 방법이다.

② **인과적 귀납추론** … 어떤 일의 결과나 원인을 과학적 지식이나 상식에 의거하여 밝혀내는 방법이다.

③ **완전 귀납추론** … 관찰하고자 하는 집합의 전체 원소를 빠짐없이 관찰함으로써 그 공통점을 결론으로 이끌어 내는 방법이다.

④ **유비추론** … 두 개의 현상에서 일련의 요소가 동일하다는 사실을 바탕으로 그것들의 나머지 요소도 동일하리라고 추측하는 방법이다.

기출문제 맛보기

01 다음 명제가 참일 때, 항상 참인 것을 고르시오.

> 현명한 사람은 과소비를 하지 않는다.

① 과소비를 하지 않는 사람은 현명한 사람이다. ② 현명하지 않은 사람은 과소비를 한다.
③ 과소비를 하면 현명한 사람이 아니다.   ④ 현명하지 않은 사람은 과소비를 하지 않는다.

Advice

제시된 명제에서 조건 P는 '현명한 사람'이고 결론 Q는 '과소비를 하지 않는다.'이다. 이 명제의 역, 이, 대우는 각각 다음과 같다.
• 역 : 과소비를 하지 않는 사람은 현명한 사람이다. → ①
• 이 : 현명하지 않은 사람은 과소비를 한다. → ②
• 대우 : 과소비를 하면 현명한 사람이 아니다. → ③
명제와 대우는 참·거짓이 항상 일치하므로, 항상 참인 것은 ③이다.

답 ③

02 주어진 전제를 바탕으로 추론한 결론으로 옳은 것을 고르시오.

> [전제]
> • A기업에 다니는 사람은 모두 영어를 잘한다.
> • 철수는 A기업에 다닌다.
> [결론]
> 그러므로 _____

① A기업에 다니는 사람은 수학을 잘한다. ② 영어를 잘하면 A기업에 채용된다.
③ 철수는 영어를 잘한다.   ④ 철수는 연봉이 높다.

Advice

정언삼단논법이다. A기업에 다니는 사람은 모두 영어를 잘하는데, 철수는 A기업에 다니므로 철수도 영어를 잘한다는 결론을
얻을 수 있다.
①②④ 주어진 전제만으로는 결론으로 이끌어 낼 수 없다.

답 ③

실력다지기

❙ 01 ~ 02 ❙ 다음의 말이 참일 때 항상 참인 것을 고르시오.

01

> • 민규는 지선이보다 포인트가 높다.
> • 지선이는 상훈이와 포인트가 같다.
> • 상훈이는 미정이보다 포인트가 적다.

① 미정이는 지선이보다 포인트가 높다.
② 민규는 미정이보다 포인트가 높다.
③ 포인트가 가장 높은 사람은 민규이다.
④ 포인트가 가장 높은 사람은 미정이다.

> ✅**TIP** 미정이는 상훈보다 포인트가 높고, 지선이와 상훈이의 포인트는 같으므로 미정이는 지선이보다 포인트가 높다.

02

> • 그림을 잘 그리는 사람은 IQ가 높고, 상상력이 풍부하다.
> • 키가 작은 사람은 IQ가 높다.
> • 노래를 잘하는 사람은 그림을 잘 그린다.

① 상상력이 풍부하지 않은 사람은 노래를 잘하지 않는다.
② 그림을 잘 그리는 사람은 노래를 잘한다.
③ 키가 작은 사람은 상상력이 풍부하지 않다.
④ 그림을 잘 그리는 사람은 키가 크다.

> ✅**TIP** ㉠ 상상력이 풍부하지 않은 사람은 그림을 잘 그리는 사람이 아니다(첫 번째 전제의 대우).
> ㉡ 그림을 잘 그리는 사람이 아니면 노래를 잘하지 않는다(세 번째 전제의 대우).
> ㉢ 따라서 상상력이 풍부하지 않은 사람은 노래를 잘하지 않는다.

✅ **Answer** 1.① 2.①

03 다음의 말이 전부 진실일 때 항상 거짓인 것을 고르시오.

> • 1등에게는 초코 우유를 준다.
> • 2등과 3등에게는 바나나 우유를 준다.
> • 4~6등에게는 딸기 우유를 준다.
> • 7~10등에게는 커피 우유를 준다.
> • 민지는 바나나 우유를 받았다.

① 민지는 2등을 했다.
② 초코 우유는 총 2개가 필요하다.
③ 커피 우유가 가장 많이 필요하다.
④ 총 10개의 우유를 준비해야 한다.

    ✅**TIP**   ② 초코 우유는 1등에게만 준다고 했으므로 총 1개가 필요하다.

┃04 ~ 06┃ 다음에 제시된 전제에 따라 결론을 바르게 추론한 것을 고르시오.

04

> • A는 B의 어머니다.
> • C는 D의 어머니다.
> • D는 B의 아버지다.
> • 그러므로 _____

① A는 D의 조카다.
② C는 A의 숙모다.
③ C는 B의 조모다.
④ D와 C는 부부다.

    ✅**TIP**   B를 기준으로 가족관계를 정리해보면,

C(할머니) – D(아버지)
       │   > B
    A(어머니)

05

> • 우택이는 영민이보다 키가 크다.
> • 대현이는 영민이보다 키가 작다.
> • 그러므로 _____

① 우택이가 가장 키가 크다.

② 우택이는 대현이보다 키가 작다.

③ 영민이가 대현이보다 키가 작다.

④ 영민이가 가장 키가 크다.

◎**TIP** 키가 큰 순서를 정리해보면 우택 > 영민 > 대현 순이다.

06

> • 봄에는 산수유, 매화, 목련, 개나리, 진달래, 벚꽃이 순서대로 개화한다.
> • 오늘 개나리가 피어났다.
> • 그러므로 _____

① 어제 진달래를 보았다.

② 산수유와 매화를 볼 수 없다.

③ 벚꽃이 개화할 것이다.

④ 목련은 꽃을 피우지 못했다.

◎**TIP** ③ 산수유, 매화, 목련, 개나리, 진달래, 벚꽃 순서대로 개화하는데 개나리가 피었으므로 앞으로 벚꽃이 개화할 것이다.

◎ **Answer** 3.② 4.③ 5.① 6.③

주어진 결론을 반드시 참으로 하는 전제를 고르시오.

07

> 전제1 : 뱀은 단 사과만을 좋아한다.
> 전제2 : _____
> 결론 : 뱀은 작은 사과를 좋아하지 않는다.

① 작은 사과는 달지 않다.
② 작지 않은 사과는 달다.
③ 어떤 뱀은 큰 사과를 좋아하지 않는다.
④ 작지 않은 사과는 달지 않다.

　ⓒTIP　 뱀은 단 사과만 좋아하므로 '작은 사과는 달지 않다'는 전제가 있어야 결론을 도출할 수 있다.

08

> 전제1 : _____
> 전제2 : 어떤 사원은 탁월한 성과를 낸다.
> 결론 : 사전교육을 받은 어떤 사원은 탁월한 성과를 낸다.

① 모든 사원은 사전교육을 받는다.
② 어떤 사원은 사전교육을 받는다.
③ 모든 신입사원은 사전교육을 받는다.
④ 어떤 신입사원은 사전교육을 받는다.

　ⓒTIP　 '모든 사원은 사전교육을 받는다.'라는 전제가 있어야 결론이 참이 된다.

09 갑, 을, 병, 정, 무 5명을 키 순서대로 세웠더니 다음과 같은 사항을 알게 되었다. 키가 2번째로 큰 사람은?

> • 병은 무 다음으로 크다.
> • 갑은 무보다 작지 않다.
> • 5명 중 가장 큰 사람은 정이다.
> • 을은 병보다 작다.

① 갑   ② 을
③ 병   ④ 정

✔**TIP** 주어진 정보에 따라 키가 큰 사람부터 작은 사람까지 나열하면 정→갑→무→병→을

10 다음을 바탕으로 갑의 집과 방문한 식당의 위치를 바르게 짝지은 것은?

> • 갑, 을, 병은 각각 1동, 2동, 3동 중 한 곳에 집이 있다.
> • 세 명은 3개 동 중 한 곳에 있는 식당에 갔으며 집의 위치와 겹치지 않는다.
> • 을은 병이 갔던 식당이 있는 동에 집이 있다.
> • 병은 3동에 살고 있으며, 갑과 을은 2동이 있는 식당에 가지 않았다.

① 1동, 3동   ② 2동, 3동
③ 1동, 2동   ④ 3동, 2동

✔**TIP** 주어진 조건에 따르면 아래 표와 같다.

	1동	2동	3동
집	갑	을	병
식당	을	병	갑

Answer 7.① 8.① 9.① 10.①

PART 분석

- 사무지각은 좌우의 문자열을 비교하여 같음과 다름을 구분하는 유형이 주로 출제된다.
- 공간지각은 블록세기, 같은 그림 찾기, 분할된 도형 및 그림 맞추기 등의 문제들이 출제된다.

PART

III

지각능력

사무지각

출제경향

좌우의 문자열을 비교하여 같음과 다름을 구분하는 유형이 주로 출제된다. 다른 유형으로는 제시된 보기와 같거나 다른 것을 고르는 유형, 문자와 숫자를 대응시킨 표를 참고하여 그 대응의 옳고 그름을 판단하는 문제 등이 간혹 출제되기도 한다.

CHECK POINT

특별한 지식을 요구하는 영역이 아니기 때문에, 많은 문제들을 접해 해결 능력을 다지는 것이 중요하다. 지각속도의 측정을 위한 영역이므로 짧은 시간에 많은 문제를 정확하게 풀어내는 것이 관건이다.

유형별 분류

유형	예시
개수 문제	Q. 다음에서 왼쪽에 표시된 굵은 글씨체의 문자의 개수를 모두 세어 오른쪽에서 찾으시오 **%**　　　　　　@#$%&%^*$*#%!^&^$*&$%^&
일치 문제	Q. 다음에 주어진 문자의 좌우가 서로 같으면 ①, 다르면 ②를 고르시오. 123425232355232　　　　　　123425232355232

기출문제 맛보기

┃01 ～ 04┃ 다음에 주어진 문자의 배열이 좌우가 같으면 ①, 다르면 ②를 선택하시오.

01

9874652464	9874852484

① 같음　　　　　　　　　　② 다름

📋 **Advice**

9874652464 – 9874852484

답 ②

02

WOFFUIERSI	WOFFUIEBSI

① 같음　　　　　　　　　　② 다름

📋 **Advice**

WOFFUIERSI – WOFFUIEBSI

답 ②

03

| 100101110101110 | 100101110101110 |

① 같음　　　　　　　　② 다름

> **Advice**
>
> 주어진 두 문자의 배열이 같다.
>
> 답 ①

04

| Get me some coffee | Got me same coffee |

① 같음　　　　　　　　② 다름

> **Advice**
>
> Get me some coffee – Got me same coffee
>
> 답 ②

┃05 ～ 06┃ 다음에 왼쪽에 주어진 문자와 똑같은 것이 오른쪽 문장에 몇 개가 있는가?

05

| 가 | 가갸거겨가게기거구게계갸가 |

① 2개 ② 3개
③ 4개 ④ 5개

📋 **Advice**

가갸거겨가게기거구게계갸가

답 ②

06

| ? | !@$#ㅂ^$%?@#&?!!#?&)(? |

① 2개 ② 3개
③ 4개 ④ 5개

📋 **Advice**

!@$#ㅂ^$%?@#&?!!#?&)(?

답 ③

실력다지기

│01 ~ 05│ 다음 좌우의 문자, 숫자, 또는 도형이 서로 같으면 '① 같음', 다르면 '② 다름'을 고르시오.

01

> DAFNOIQZJBFVKJ – DAFNOIQZJBFVKJ

① 같음   ② 다름

> ✓**TIP** 좌우가 같다.

02

> 6157354357613437 – 615735453613437

① 같음   ② 다름

> ✓**TIP** 6157354357613437 – 615735<u>45</u>3613437

03

> 언찬퐁장니고멘펄티정콧부탕 – 언찬퐁장니고먼펄티정콧부탕

① 같음   ② 다름

> ✓**TIP** 언찬퐁장니고멘펄티정콧부탕 – 언찬퐁장니고<u>먼펄</u>티정콧부탕

04

☥☣☢☠☢☣☫☪☦☹☻☸ – ☥☣☢☠☢☣☫☪☦☹☻☸

① 같음
② 다름

TIP 좌우가 같다.

05

ㄷㄱ ㅃㅂ ㅂㅈ ㅅㅂ ㅂㅅ ㅂㅅㄱ ㅂㅆ ㄴㅂ ㅃㅂ ㄴㄴ ㅂㅈ — ㄷㄱ ㅃㅂ ㅂㅈ ㅅㅂ ㅂㅅ ㅃㅂ ㅂㅆ ㄴㅂ ㅃㅂ ㄴㄴ ㅂㅈ

① 같음
② 다름

TIP ㄷㄱ ㅃㅂ ㅂㅈ ㅅㅂ ㅂㅅ ㅂㅅㄱ ㅂㅆ ㄴㅂ ㅃㅂ ㄴㄴ ㅂㅈ — ㄷㄱ ㅃㅂ ㅂㅈ ㅅㅂ ㅂㅅ ㅃㅂ ㅂㅆ ㄴㅂ ㅃㅂ ㄴㄴ ㅂㅈ

| 06 ~ 10 | 다음 주어진 두 문자에서 다른 곳의 개수를 고르시오.

06

images are essantial unlts – images are essential units

① 0개
② 1개
③ 2개
④ 3개

TIP images are essantial unlts – images are essential units

Answer 01.① 02.② 03.② 04.① 05.② 06.③

07

14651317198654532567	14651317193954532467

① 0개　　　　　　　　　　　② 1개
③ 2개　　　　　　　　　　　④ 3개

✔**TIP**　14651317198654532567　　14651317193954532467

08

Love will find a way	Love wild find a wav

① 없음　　　　　　　　　　② 1개
③ 2개　　　　　　　　　　④ 3개

✔**TIP**　Love will find a way − Love wild find a wav

09

손○이요이가○○손에가	손○이요이가○○손에가

① 없음　　　　　　　　　　② 1개
③ 2개　　　　　　　　　　④ 3개

✔**TIP**　주어진 두 문장은 모두 같다.

10

100101110101110101	101101111001110001

① 1개　　　　　　　　　　② 2개
③ 3개　　　　　　　　　　④ 4개

✔**TIP**　100101110101110101 − 101101111001110001

∎ 11 ~ 16 ∎ 다음 중 제시된 보기와 다른 하나를 고르시오.

11

> 博物君子(박물군자)

① 博物君子(박물군자)　　　　② 博物君子(박물군자)

③ 搏物君子(박물군자)　　　　④ 博物君子(박물군자)

✅**TIP**　③ 搏物君子(박물군자)

12

> be responsible for

① be responseble for　　　　② be responsible for

③ be responsible for　　　　④ be responsible for

✅**TIP**　① be responseble for

13

> swim against the tide

① swim against the tide　　　　② swim ageinst the tide

③ swim against the tide　　　　④ swim against the tide

✅**TIP**　② swim ageinst the tide

14

> 아 해 다르고 어 해 다르다.

① 아 해 다르고 어 해 다르다.　　② 아 해 다르고 어 해 다르다.

③ 아 해 다르고 어 해 다르다.　　④ 아 해 다르고 어 헤 다르다.

    ⊘TIP　④ 아 해 다르고 어 <u>헤</u> 다르다.

15

> 111111001111101011001

① 111110001111101011001　　② 111111001111101011001

③ 111111001111101011001　　④ 111111001111101011001

    ⊘TIP　① 11111<u>0</u>001111101011001

16

> 1ax2573w6q14536fdazhh258413q

① 1ax2573w6q14536fdazhh258413q　　② 1ax2573w6q14536fdazhh258413q

③ 1ax2578w6d14586fqazhh258413q　　④ 1ax2573w6q14536fdazhh258413q

    ⊘TIP　③ 1ax257<u>8</u>w6<u>d</u>1458<u>6</u>f<u>q</u>azhh25841<u>8</u>q

┃17 ~ 19┃ 다음 짝지어진 문자 중에서 서로 같은 것을 고르시오.

17
① ㄱㄴㄷㄹㅁㅂㅅㅇㅈㅊㅋㅌㅍㅎ – ㄱㄴㄷㄹㅁㅂㅅㅇㅈㅊㅋㅌㅍㅎ
② ㅌㅍㅋㅊㅁㅇㄴㄹㅂㄱㄷㅈㄱㄷㅅ – ㅌㅍㅋㅊㅂㅇㄴㄹㅂㄱㄷㅈㄱㄷㅅ
③ ㄱㄴㄹㅇㄱㅁㄴㅇㅁㄱㄴㄱㅇㅁㄹ – ㄱㄴㄹㅇㄱㅁㄴㅇㅁㄱㄴㄱㅁㅇㄹ
④ ㄹㄴㅅㄷㄱㄴㄹㅁㅁㅇㄷㅂㄱㅈㅅ – ㄹㄴㅅㄷㄱㄴㄹㅅㅇㄷㅂㄱㅈㅅ

> ✅**TIP**
> ② ㅌㅍㅋㅊ<u>ㅁ</u>ㅇㄴㄹㅂㄱㄷㅈㄱㄷㅅ – ㅌㅍㅋㅊ<u>ㅂ</u>ㅇㄴㄹㅂㄱㄷㅈㄱㄷㅅ
> ③ ㄱㄴㄹㅇㄱㅁㄴㅇㅁㄱㄴㄱ<u>ㅇㅁ</u>ㄹ – ㄱㄴㄹㅇㄱㅁㄴㅇㅁㄱㄴㄱ<u>ㅁㅇ</u>ㄹ
> ④ ㄹㄴㅅㄷㄱㄴㄹ<u>ㅁ</u>ㅁㅇㄷㅂㄱㅈㅅ – ㄹㄴㅅㄷㄱㄴㄹ<u>ㅅ</u>ㅇㄷㅂㄱㅈㅅ

18
① MUSTPRESENT – MUSTPRESENT
② ALONGWITH – ALONCWITH
③ INORDERTO – INOROERTO
④ MARRIEDIN – MARRAEDIN

> ✅**TIP**
> ② ALON<u>G</u>WITH – ALON<u>C</u>WITH
> ③ INOR<u>D</u>ERTO – INOR<u>O</u>ERTO
> ④ MARR<u>I</u>EDIN – MARR<u>A</u>EDIN

19
① HAVEREADTHESE – HAVEPEADTHESE
② IDENTIFICATION – IDENTIFICATION
③ DEPARTMENT – DEPARTNENT
④ ASSUMETOBEBE – ASSUMETDBEBE

> ✅**TIP**
> ① HAVE<u>R</u>EADTHESE – HAVE<u>P</u>EADTHESE
> ③ DEPART<u>M</u>ENT – DEPART<u>N</u>ENT
> ④ ASSUMET<u>O</u>BEBE – ASSUMET<u>D</u>BEBE

20 ① 千山鳥飛絕 - 千山鳥非絕
② 萬徑人蹤滅 - 萬徑人蹤滅
③ 孤舟簑笠翁 - 孤舟簑笠翁
④ 獨釣寒江雪 - 獨釣寒江雪

✅**TIP** ① 千山鳥<u>飛</u>絕 - 千山鳥<u>非</u>絕

21 ① ♯♩♩♩♪♫ - ♯♩♩♩♪♫
② ♫♫♪♩♩♩ - ♫♫♪♩♩♩
③ ♪♫♪♫♫♫ - ♪♫♪♫♫♫
④ ♫♪♫♪♫♫ - ♫♪♫♪♫♫

✅**TIP** ③ ♪♫♪<u>♫</u>♫♫ - ♪♫♪<u>♪</u>♫♫

22 ① 1101100111 - 1101100111
② 2431579482 - 2481578432
③ 3388033221 - 3388033221
④ 4477115541 - 4477115541

✅**TIP** ② 24<u>3</u>1579<u>4</u>82 - 24<u>8</u>1578<u>3</u>2

23 ① xerophtlalmia - xerodhthalmla
② flminanthepatitis - flminanthepatitis
③ radioimmunoassay - radioimmunoassay
④ abnormality - abnormality

✅**TIP** ① xeroph<u>tl</u>alm<u>i</u>a - xero<u>dh</u>thalm<u>l</u>a

|24 ～ 26| 다음 주어진 표의 문자와 숫자의 대응을 참고하여 각 문제의 대응이 같으면 답안지에 ①을, 틀리면 ②를 선택하시오.

가	갸	거	겨	고	교	구	규	그	기
0	1	2	3	4	9	8	7	6	5

24

734 – 규겨고

① 맞음   ② 틀림

✅**TIP** 7(규), 3(겨), 4(고)

25

369 – 고겨구

① 맞음   ② 틀림

✅**TIP** 3(겨), 6(그), 9(교)

26

197 – 갸교규

① 맞음   ② 틀림

✅**TIP** 1(갸), 9(교), 7(규)

✅ **Answer** 20.① 21.③ 22.② 23.① 24.① 25.② 26.①

출제경향

블록세기, 같은 그림 찾기, 분할된 도형 및 그림 맞추기 등의 문제들이 출제된다.

• 블록세기의 경우, 주어진 그림을 보고 블록의 개수를 세는 유형과 정육면체를 만들기 위해 필요한 블록의 개수를 구하는 유형 등으로 출제된다.

• 같은 그림 찾기의 경우, 제시된 도형을 회전시킨 보기들 중에서 같은 도형을 고르는 유형과 미세한 부분이 서로 다른 그림들 중에서 같은 그림을 찾는 유형으로 구분해 볼 수 있다.

• 분할된 도형 및 그림 맞추기의 경우. 조각들을 하나로 맞추었을 때 만들어지는 도형 및 그림을 찾는 유형이다.

유형별 분류

유형	예시
도형 찾기 문제	Q. 다음 도형과 동일한 도형은 무엇인가? ㅁ ① ㅁ ② ㅂ ③ ◇ ④ ◆
도형 조각 문제	Q. 다음 제시된 도형을 네 조각으로 나누었을 때 그 조각에 해당되지 않는 것을 고르시오.
전개도 문제	Q. 다음 제시된 전개도로 만들 수 있는 주사위로 적절한 것을 고르시오.
모양파악 문제	Q. 다음 도형을 위에서 내려보았을 때의 형태를 고르시오.
블록 문제	Q. 제시된 그림과 같이 쌓기 위해 필요한 블록의 수를 고르시오.

기출문제 맛보기

01 주어진 블록의 모양은 그대로 두고 최소한의 블록을 더 추가해서 정육면체로 만들려고 한다. 몇 개의 블록
이 더 필요한가?

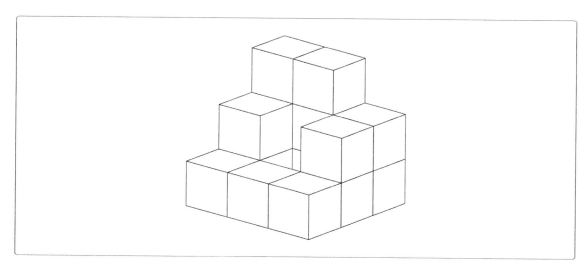

① 10개   ② 11개
③ 12개   ④ 13개

📑 **Advice**

3×3 정육면체(블록 27개)를 만들 수 있다. 주어진 블록이 총 15개이므로 필요한 블록은 12개이다.

답 ③

02 다음과 같이 쌓인 블록의 바닥면을 제외하고 밖으로 노출된 모든 면에 페인트를 칠하려고 한다. 한 면에만 페인트칠이 되는 블록은 모두 몇 개인가?

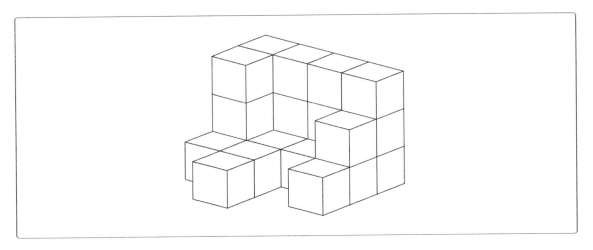

① 4개
② 5개
③ 6개
④ 7개

03 다음 주어진 그림을 순서대로 바르게 연결한 것은?

① ㉠㉢㉡㉣

② ㉡㉢㉠㉣

③ ㉢㉠㉣㉡

④ ㉣㉡㉢㉠

📋 **Advice**

그림의 가장 큰 부분을 차지하는 지구(젖소)의 모양에 유의하여 연결한다.

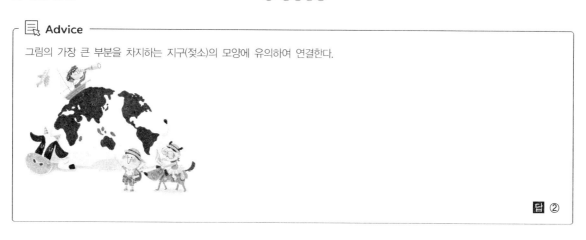

답 ②

실력다지기

┃01 ~ 05┃ 다음에 제시된 블록의 개수를 구하시오.

01

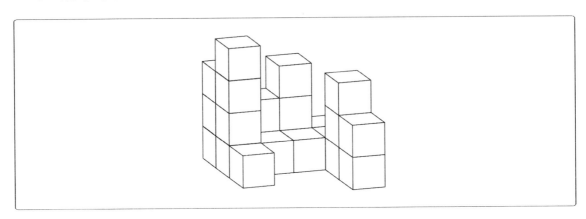

① 20개　　　　　　　　　② 21개

③ 22개　　　　　　　　　④ 23개

　　✅**TIP**　1층 : 11개, 2층 : 6개, 3층 : 4개, 4층 : 1개

02

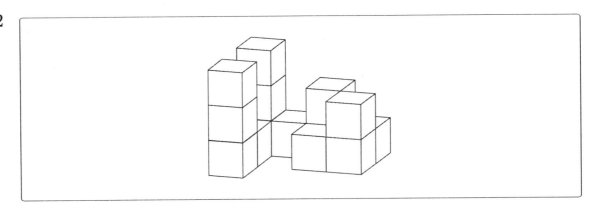

① 14개　　　　　　　　　② 15개

③ 16개　　　　　　　　　④ 17개

　　✅**TIP**　1층 : 8개, 2층 : 4개, 3층 : 2개

03

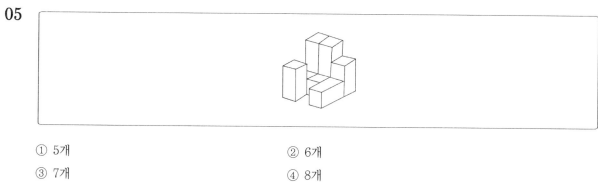

① 4개   ② 5개

③ 6개   ④ 7개

✅ **TIP**   1층 : 4개, 2층 : 1개

04

① 5개   ② 6개

③ 7개   ④ 8개

✅ **TIP**   1층 : 3개, 2층 : 2개

05

① 5개   ② 6개

③ 7개   ④ 8개

✅ **TIP**   1층 : 5개, 2층 : 2개

✅ **Answer**   01.③   02.①   03.②   04.①   05.③

┃06 ~ 10 ┃ 다음에 제시된 블록에 추가로 블록을 쌓아 정육면체를 만들려고 할 때, 몇 개의 블록이 더 필요한지 구하시오.

06

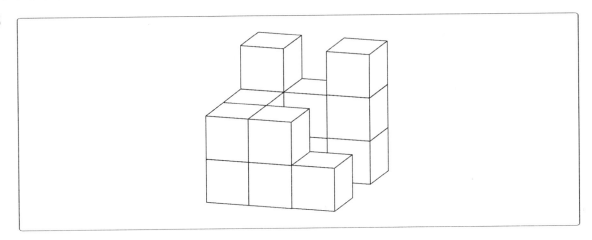

① 8개　　　　　　　　　　　　② 10개

③ 12개　　　　　　　　　　　　④ 14개

　⊘**TIP**　3 × 3 정육면체가 되기 위해서는 1층 : 2개, 2층 : 3개, 3층 : 7개가 필요하다.

07

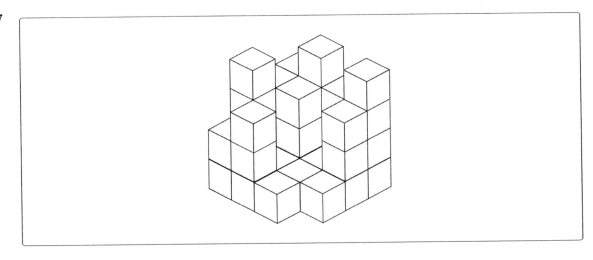

① 27개　　　　　　　　　　　　② 25개

③ 23개　　　　　　　　　　　　④ 21개

　⊘**TIP**　4 × 4 정육면체가 되기 위해서는 1층 : 1개, 2층 : 6개, 3층 : 7개, 4층 : 13개가 필요하다.

08

① 14개   ② 16개

③ 18개   ④ 20개

     ☑**TIP**   3 × 3 정육면체가 되기 위해서는 1층 : 4개, 2층 : 6개, 3층 : 8개가 필요하다.

09

① 13개   ② 15개

③ 17개   ④ 19개

     ☑**TIP**   3 × 3 정육면체가 되기 위해서는 1층 : 3개, 2층 : 7개, 3층 : 9개가 필요하다.

10

① 50개   ② 52개

③ 54개   ④ 56개

     ☑**TIP**   4 × 4 정육면체가 되기 위해서는 1층 : 10개, 2층 : 14개, 3층 : 16개, 4층 : 16개가 필요하다.

☑ **Answer**   06.③   07.①   08.③   09.④   10.④

※ 11 ～ 14번 문제는 해설이 없습니다.

11

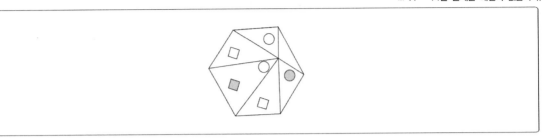

① 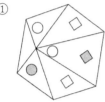 ②

③ 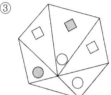 ④

12

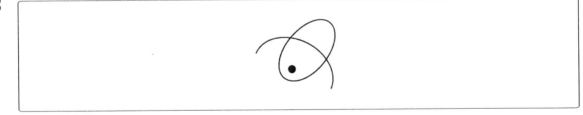

①   ②

③   ④

13

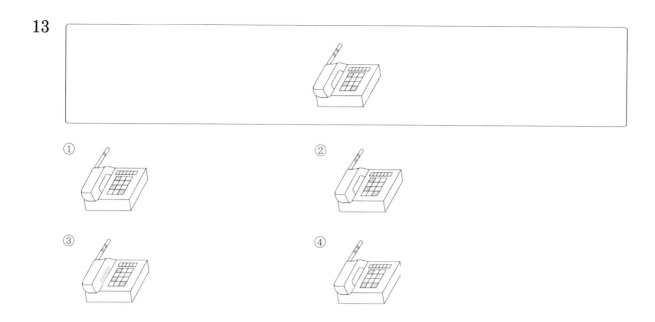

14

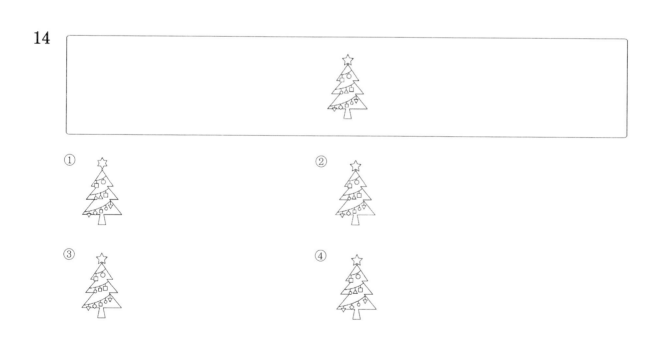

15

①   ②

③   ④

✓ TIP

16

①   ②

③   ④

✓ TIP

▌17 ~ 18 ▌ 다음에 분할된 그림을 하나의 완성된 그림으로 만들기 위해 순서대로 나열한 것을 고르시오.

17

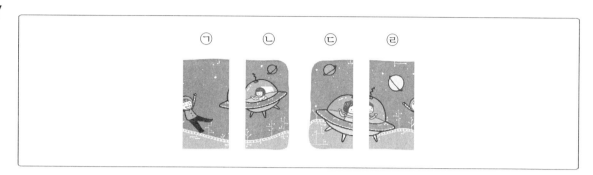

① ㉠-㉡-㉢-㉣
② ㉡-㉠-㉢-㉣
③ ㉢-㉣-㉠-㉡
④ ㉣-㉡-㉠-㉢

18

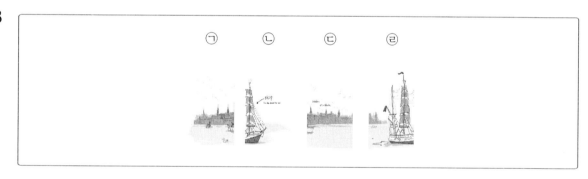

① ㉠-㉢-㉣-㉡
② ㉡-㉢-㉠-㉣
③ ㉢-㉣-㉠-㉡
④ ㉣-㉠-㉡-㉢

Answer 15.② 16.① 17.③ 18.①

PART 분석

영역별 빈출유형을 엄선하여 실전 모의고사로 구성하였습니다.
최종 실력점검을 통해 합격에 한 걸음 더 가까이 다가갈 수 있습니다.

실전 모의고사

| 01 | 수리능력 |

✅ **40문항** ⏱ **15분**

▌01 ~ 10 ▌다음 식을 계산하여 알맞은 답을 고르시오.

01

$$721 - 315 - 208$$

① 198　　　　　　　　② 204

③ 213　　　　　　　　④ 218

02

$$2^3 + 2^2 \times 2^{-1}$$

① 8　　　　　　　　② 9

③ 10　　　　　　　　④ 11

03

$$7 + 7 \times 7^{-1} + 1 \times 7$$

① 12　　　　　　　　② 15

③ 21　　　　　　　　④ 49

04

$$36.78 + 21.06 + 4.11$$

① 61.95   ② 63.27

③ 65.45   ④ 66.62

05

$$\frac{21}{72} \times \frac{16}{7} \times 6$$

① $\frac{4}{3}$ ② 4

③ $\frac{8}{3}$ ④ $\frac{3}{8}$

06

$$2^2 \times 3^2 \times 4^2$$

① 348   ② 576

③ 724   ④ 912

07

$$\sqrt{16} + \sqrt{25} + \sqrt{36}$$

① 10   ② 12

③ 15   ④ 17

$$11_{(2)} + 111_{(2)} + 1111_{(2)}$$

① 16   ② 19
③ 22   ④ 25

09

$$50 \times 10^{-1} \times 10^{-2}$$

① 0.05   ② 0.15
③ 0.25   ④ 0.35

$$0.4 \times 1.8 \times 2.7$$

① 1.751   ② 1.944
③ 2.162   ④ 2.341

❙ 11 ~ 15 ❙ 다음 계산식의 빈칸에 들어갈 알맞은 수 또는 연산기호를 고르시오.

11

$$78 \div (\quad) + 55 = 68$$

① 2   ② 4

③ 6   ④ 8

12

$$36 \times 12 \div (\quad) = 8$$

① 48   ② 50

③ 52   ④ 54

13

$$(\quad) - 72 \div 3 = 8$$

① 30   ② 32

③ 34   ④ 36

14

$$29 \times 7\,(\quad)\,128 = 75$$

① +   ② −

③ ×   ④ ÷

15

$$1 + 72 \ (\quad) \ 9 = 9$$

① +   ② −

③ ×   ④ ÷

▌16 ～ 25 ▌ 다음에 주어진 A와 B값의 대소 관계를 바르게 비교한 것을 고르시오.

16

- $A : \dfrac{3}{4}$ - $B : \dfrac{2}{3}$

① $A > B$ ② $A < B$

③ $A = B$ ④ 비교할 수 없다.

17

- $A : 3\dfrac{3}{7}$ - $B : \dfrac{11}{3}$

① $A > B$ ② $A < B$

③ $A = B$ ④ 비교할 수 없다.

18

- $A : 1.25$
- $B : \dfrac{5}{4}$

① $A > B$
② $A < B$
③ $A = B$
④ 비교할 수 없다.

19

- $A : 10^{\text{m}}\!/\!\text{s}$
- $B : 3.6\text{km/h}$

① $A > B$
② $A < B$
③ $A = B$
④ 비교할 수 없다.

20

- $A : \sqrt{11}$
- $B : 4 - \sqrt{3}$

① $A > B$
② $A < B$
③ $A = B$
④ 비교할 수 없다.

21

$a < 4b + 3$ 일 때,

- $A : 5a - b + 1$
- $B : 4a + 3b - 10$

① $A > B$　　　　　　② $A < B$

③ $A = B$　　　　　　④ 비교할 수 없다.

22

- A : 432와 360의 최대공약수
- B : 540과 567의 최대공약수

① $A > B$　　　　　　② $A < B$

③ $A = B$　　　　　　④ 비교할 수 없다.

23

- A : 정팔면체 꼭짓점의 수
- B : 정십이면체 모서리의 수

① $A > B$　　　　　　② $A < B$

③ $A = B$　　　　　　④ 비교할 수 없다.

24

- $A : \sqrt[3]{40}$
- $B : \sqrt[5]{90}$

① $A > B$

② $A < B$

③ $A = B$

④ 비교할 수 없다.

25

- A : 반지름이 10cm이고 중심각이 60°인 부채꼴의 현의 길이
- B : 겉넓이가 600cm²인 정육면체 한 모서리의 길이

① $A > B$

② $A < B$

③ $A = B$

④ 비교할 수 없다.

26 5%의 설탕물과 10%의 설탕물을 섞어서 농도가 8%인 설탕물 300g을 만들려고 한다. 이때 5%의 설탕물의 양은 몇 g인가?

① 110

② 115

③ 120

④ 125

27 집에서 학교까지 거리는 170km이다. 차를 타고 집에서 출발하여 시속 80km로 가다가 속도를 높여 시속 100km로 가서 학교에 도착하였더니 총 2시간이 걸렸다. 시속 80km로 간 거리는?

① 100km   ② 110km
③ 120km   ④ 130km

28 가로, 세로의 길이가 각각 294m, 63m인 직사각형 모양의 화단 둘레에 일정한 간격으로 꽃을 심으려 한다. 네 모퉁이에 반드시 꽃을 심기로 하고 꽃의 개수가 최소가 되도록 놓는다고 할 때, 필요한 꽃의 개수는?

① 6개   ② 13개
③ 26개   ④ 34개

29 12%의 소금물 300g이 있다. 여기에 물 100g을 더 넣은 후에 몇 g의 소금을 더 넣었더니 20%의 소금물이 되었다. 더 넣은 소금의 양은?

① 45g   ② 50g
③ 55g   ④ 60g

30 휘발유 1리터로 12km를 가는 자동차가 있다. 연료계기판의 눈금이 $\frac{1}{3}$을 가리키고 있었는데 20리터의 휘발유를 넣었더니 눈금이 $\frac{2}{3}$를 가리켰다. 이후에 300km를 주행했다면, 남아 있는 연료는 몇 리터인가?

① 15L
② 16L
③ 17L
④ 18L

31 8명이 일하는 경우 60시간이 걸리는 일을 36시간 만에 끝내려면 최소 몇 명의 인원이 더 필요한가?

① 5명
② 6명
③ 7명
④ 8명

32 180원의 배와 210원의 사과를 합쳐서 10개 사고, 금액이 2,000원 이하로 할 때 사과는 몇 개 살 수 있는가?

① 5개
② 6개
③ 7개
④ 8개

33 인터넷 사이트에 접속하여 초당 1.5MB의 속도로 파일을 내려 받는 데 총 12분 30초가 걸렸다. 파일을 내려 받는 데 걸린 시간은 인터넷 사이트에 접속하는 데 걸린 시간의 4배일 때, 내려 받은 파일의 크기는?

① 500MB

② 650MB

③ 900MB

④ 1GB

34 기준이의 엄마와 아빠는 4살 차이이고, 엄마와 아빠 나이의 합은 기준이 나이의 다섯 배이다. 10년 후의 아빠의 나이가 기준이의 2배가 될 때, 엄마의 현재 나이는? (단, 아빠의 나이가 엄마의 나이보다 많다.)

① 38세

② 40세

③ 42세

④ 44세

35 식염수 300g에 300g의 물을 넣었더니 4%의 식염수가 되었다. 처음 식염수의 농도는 얼마인가?

① 6%

② 7%

③ 8%

④ 9%

36 다음은 지하가 없는 동일한 바닥면적을 가진 건물들에 관한 사항이다. 이 중 층수가 가장 높은 건물은?

건물	대지면적	연면적	건폐율
A	400m²	1,200m²	50%
B	300m²	840m²	70%
C	300m²	1,260m²	60%
D	400m²	1,440m²	60%

※ 건축면적 $= \dfrac{건폐율 \times 대지면적}{100(\%)}$, 층수 $= \dfrac{연면적}{건축면적}$

① A
② B
③ C
④ D

37 다음은 인구 1,000명을 대상으로 실시한 미래의 에너지원의 수요예측에 대한 여론조사 자료이다. 이 자료를 통해 미래의 에너지 수요를 평가할 때 가장 옳은 설명에 해당하는 것은?

에너지원 수요 예상 정도	원자력	석유	석탄
많음	51%	30%	25%
적음	40%	65%	68%
모름	9%	5%	7%

① 미래에는 석유를 많이 사용할 것이다.
② 미래에는 석탄을 많이 사용할 것이다.
③ 미래에는 석유보다 원자력의 사용이 늘어날 것이다.
④ 미래에는 원자력, 석유, 석탄 모두를 많이 사용할 것이다.

38 다음은 약물 투여 실험 후 특정기간이 지나 완치된 환자 수에 관한 표이다. 이에 대한 설명으로 옳은 것은?

〈표〉 약물 종류별, 성별, 질병별 완치 환자의 수

(단위 : 명)

약물종류		약물 갑		약물 을		약물 병		약물 정	
성별		남	여	남	여	남	여	남	여
질병	A	2	3	2	4	1	2	4	2
	B	3	4	6	4	2	1	2	5
	C	6	3	4	6	5	3	4	6
계		11	10	12	14	8	6	10	13

※ 1) 세 가지 질병 중 한 가지 질병만 걸린 환자를 각 질병별로 40명씩, 총 120명을 선정하여 실험함
   2) 각 질병별 환자 40명을 무작위로 10명씩 나눠 각 집단에 네 가지 약물 중 하나만 투여함

① 완치된 전체 남성 환자 수가 완치된 전체 여성 환자 수보다 많다.

② 네 가지 약물 중 완치된 환자 수가 많은 약물부터 나열하면 을, 갑, 정, 병이다.

③ 질병 B에 걸린 환자들에게 가장 효과 있는 약물은 을이다.

④ 전체 환자 수 대비 약물 정을 투여 받고 완치된 환자 수의 비율은 20% 이상이다.

39 다음은 어느 도시의 교육여건에 대한 자료이다. 교원 한명 당 학생 수가 가장 많은 곳은?

분류	학교 수	학생 수	학급 수	교원 수	사무직원 수
유치원	2,087	182,231	8,266	11,483	2,359
초등학교	1,187	739,619	28,580	41,962	4,796
중학교	599	458,220	13,533	27,210	2,473
고등학교	445	460,580	13,796	31,847	2,602

① 유치원   ② 초등학교

③ 중학교   ④ 고등학교

40 다음은 ○○학원에서 한국사를 수강하는 수강생 수와 ○○학원의 한국사를 담당하는 강사의 수강생 수를 나타내는 표이다. 주어진 표를 그래프로 나타낸 것으로 옳지 않은 것은?

(단위 : 명)

연도 \ 구분	'한국사' 수강생 수	'한국사' 김○○ 강사	'한국사' 이○○ 강사
2020년	4,710	619	4,091
2021년	6,616	3,072	3,544
2022년	12,188	8,054	4,134
2023년	15,913	11,017	4,896
2024년	39,690	30,208	9,482

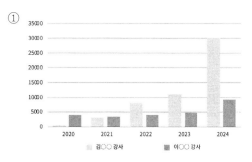

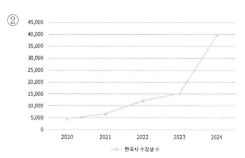

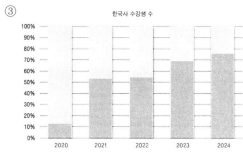

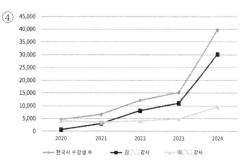

✅ **40문항** ⏱ **20분**

▌01 ~ 10▐ 다음의 제시된 숫자의 배열을 보고 규칙을 적용하여 "?"에 들어갈 숫자를 고르시오.

01

$$\frac{3}{2} \quad \frac{6}{6} \quad \frac{12}{18} \quad \frac{24}{?}$$

① 24   ② 48
③ 54   ④ 59

02

$$\frac{5}{7} \quad \frac{12}{35} \quad \frac{47}{420} \quad \frac{467}{?}$$

① 19740   ② 18240
③ 17720   ④ 16540

03

$$\frac{8}{13} \quad \frac{16}{24} \quad \frac{32}{35} \quad \frac{64}{?}$$

① 37   ② 46
③ 49   ④ 52

04

$$\frac{9}{7} \quad \frac{16}{2} \quad \frac{18}{14} \quad \frac{32}{?}$$

① 1   ② 2
③ 3   ④ 4

05

$$\frac{12}{3} \quad \frac{12}{6} \quad \frac{24}{6} \quad \frac{24}{12} \quad \frac{?}{12}$$

① 12   ② 24
③ 36   ④ 48

06

$$\frac{5}{12} \quad \frac{23}{6} \quad \frac{17}{24} \quad \frac{35}{?}$$

① 17   ② 18
③ 19   ④ 20

07

$$\frac{3}{4} \quad \frac{12}{7} \quad \frac{84}{19} \quad \frac{1596}{?}$$

① 84   ② 98
③ 103   ④ 117

08

$$\frac{1}{2} \quad \frac{2}{3} \quad \frac{3}{5} \quad \frac{5}{?}$$

① 5 ② 6
③ 7 ④ 8

09

$$\frac{2}{9} \quad \frac{11}{2} \quad \frac{13}{11} \quad \frac{24}{?}$$

① 13 ② 14
③ 15 ④ 16

10

$$\frac{1}{4} \quad \frac{6}{5} \quad \frac{12}{11} \quad \frac{24}{?}$$

① 13 ② 23
③ 33 ④ 43

|11 ~ 15| 다음은 일정한 규칙으로 나열된 문자이다. 빈칸에 들어갈 알맞은 문자를 고르시오.

11

A – A – B – C – E – H – M – ( )

① R ② S
③ T ④ U

12

A – B – D – ( ) – P

① F ② H
③ J ④ L

13

N – L – O – K – P – J – ( )

① A ② D
③ Q ④ Z

14

> ㅋ - ㅈ - ㅅ - ㅁ - ( )

① ㄴ   ② ㄷ

③ ㅂ   ④ ㅇ

15

> ㄱ - ㅎ - ㅁ - ㅊ - ㅈ - ㅂ - ( )

① ㅋ   ② ㅌ

③ ㅍ   ④ ㅎ

▌16 ~ 18 ▌ 다음의 밑줄 친 수들의 규칙을 파악하여 빈칸에 들어갈 알맞은 수를 고르시오.

16

> 3 5 4   5 6 19   6 11 25   4 5 ( )

① 10   ② 11

③ 12   ④ 13

17

4 6 6   8 12 6   7 9 7   5 11 ( )

① 5   ② 4
③ 3   ④ 2

18

10 4 9   20 6 3   15 6 4   5 18 4   8 3 ( )

① 10   ② 11
③ 13   ④ 15

┃19 ~ 20┃ 다음에 주어진 연산기호의 규칙을 파악하여 빈칸에 들어갈 알맞은 수를 고르시오.

19

13@11＝1   22@25＝8   15@32＝4   (19@21)@15＝( )

① 6   ② 5
③ 4   ④ 3

20

5&8＝8   6&7＝6   4&4＝32   3&9＝( )

① 15   ② 17
③ 19   ④ 21

┃21 ~ 25┃ 다음 중 나머지 보기와 다른 하나를 고르시오.

21 ① ㅏㅓㅏㅓ   ② adad

      ③ ㅁㅅㅁㅅ   ④ KMKM

22 ① ADBC   ② ㅁㅇㅂㅅ

      ③ 4756   ④ ㄱㄹㄷㄴ

23 ① 하파타카   ② 이으우유

      ③ ONML   ④ 8765

24 ① 빨노파보   ② 주노초파

      ③ 노초파남   ④ 초파남보

25 ① ㄱㄷㅁㅅ   ② ㅂㅇㅊㅌ

      ③ ㅋㅌㅍㅎ   ④ ㅇㅊㅌㅎ

26

A	I	L
K	G	D
S	H	C

B	K	M
M	J	F
T	J	D

	?	

D	O	O
Q	P	J
V	N	F

E	Q	P
S	S	L
W	P	G

①

C	M	N
O	N	H
U	L	E

②

C	L	N
N	M	G
U	K	E

③

C	M	N
O	M	H
U	L	E

④

D	M	O
O	N	H
V	L	F

27

①

②

③

④

28

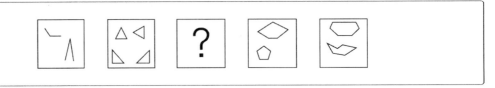

①

②

③

④

29

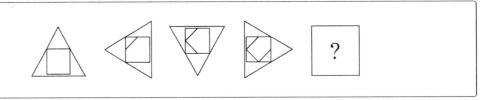

①

②

③

④

30

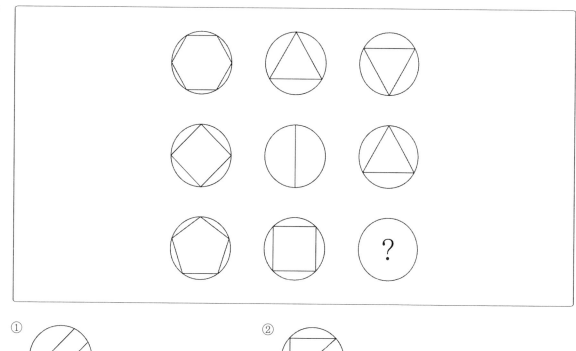

①

②

③

④

다음의 말이 참일 때 항상 참인 것을 고르시오.

31

> • 회사에 가장 일찍 출근하는 사람은 부지런하다.
> • 여행을 갈 수 있는 사람은 명진이와 소희다.
> • 부지런한 사람은 특별 보너스를 받을 것이다.
> • 특별 보너스를 받지 못하면 여행을 갈 수 없다.

① 회사에 가장 늦게 출근하는 사람은 게으르다.

② 특별 보너스를 받는 방법은 여러 가지이다.

③ 회사에 가장 일찍 출근하지 않으면 특별 보너스를 받을 수 없다.

④ 소희는 부지런하다.

32

> • 비가 오는 날은 복도가 더럽다.
> • 복도가 더러우면 운동장이 조용하다.
> • 운동장이 조용한 날은 축구부의 훈련이 없다.
> • 오늘은 운동장이 조용하지 않다.

① 어제는 비가 오지 않았다.

② 오늘은 복도가 더럽지 않다.

③ 오늘은 오후에 비가 올 예정이다.

④ 오늘은 축구부의 훈련이 없다.

33 다음의 말이 전부 진실일 때 항상 거짓인 것을 고르시오.

> • 석우는 3년 전에 24살이었다.
> • 강준은 현재 2년 전 석우의 나이와 같다.
> • 유나의 2년 전 나이는 현재 석우의 누나 나이와 같다.
> • 선호는 석우의 누나와 동갑이다.

① 석우, 강준, 유나, 선호 중 강준이 가장 어리다.

② 석우는 현재 27살이다.

③ 선호는 유나와 2살 차이다.

④ 석우의 누나는 30살이다.

┃34 ~ 36┃ 다음에 제시된 전제에 따라 결론을 바르게 추론한 것을 고르시오.

34

> • 은혜, 지영, 세현이는 각각 사과, 포도, 오렌지를 좋아한다.
> • 지영이는 오렌지를, 세현이는 사과를 좋아한다.
> • 그러므로 _____

① 은혜는 오렌지를 좋아한다.
② 은혜는 포도를 좋아한다.
③ 은혜는 어떤 것도 좋아하지 않는다.
④ 은혜가 무엇을 좋아하는지 알 수 없다.

35

> • 장미를 좋아하는 사람은 감성적이다.
> • 튤립을 좋아하는 사람은 노란색을 좋아하지 않는다.
> • 감성적인 사람은 노란색을 좋아한다.
> • 그러므로 _____

① 감성적인 사람은 튤립을 좋아한다.
② 튤립을 좋아하는 사람은 감성적이다.
③ 노란색을 좋아하는 사람은 감성적이다.
④ 장미를 좋아하는 사람은 노란색을 좋아한다.

36

> • 주희는 옷 가게에서 한복을 판매한다.
> • 나는 주희에게서 옷을 구입했다.
> • 그러므로 _____

① 내가 산 옷은 주희가 만든 것이 아니다.
② 내가 산 옷은 영희가 만든 것이다.
③ 내가 산 옷은 한복이다.
④ 내가 산 옷은 한복이 아니다.

∥37 ~ 38 ∥ 주어진 결론을 반드시 참으로 하는 전제를 고르시오.

37

전제1 : 기린을 좋아하는 사람은 얼룩말을 좋아한다.
전제2 : 하마를 좋아하지 않는 사람은 기린을 좋아한다.
전제3 : _____
결론 : 코끼리를 좋아하는 사람은 하마를 좋아한다.

① 기린을 좋아하는 사람은 하마를 좋아한다.

② 코끼리를 좋아하는 사람은 얼룩말을 좋아한다.

③ 얼룩말을 좋아하는 사람은 코끼리를 좋아하지 않는다.

④ 하마를 좋아하는 사람은 기린을 좋아한다.

38

전제1 : 인기 있는 선수는 안타를 많이 친 타자이다.
전제2 : _____
결론 : 인기 있는 선수는 팀에 공헌도가 높다.

① 팀에 공헌도가 높지 않은 선수는 안타를 많이 치지 못한 타자이다.

② 인기 없는 선수는 팀에 공헌도가 높지 않다.

③ 안타를 많이 친 타자도 인기가 없을 수 있다.

④ 안타를 많이 친 타자는 인기 있는 선수이다.

39 갑, 을, 병, 정 네 사람은 각각 A, B, C, D 지역 중 서로 다른 지역으로 출장 갔다 왔다. 갑은 B와 C 지역에 가지 않았으며, 병은 A와 B지역에 가지 않았고, 정은 D 지역에 갔다고 하였을 때 을이 출장을 간 지역은 어디인가?

① A지역   ② B지역

③ C지역   ④ D지역

40 A고등학교의 신입교사 기중, 태호, 신혜, 수란, 찬호 다섯 명 중 네 명이 각각 1학년 1, 2, 3, 4반을 담임을 맡게 된다. 결과에 대해 각자가 예측한 것이 다음과 같고, 이들의 예측 중 한 명의 예측을 제외하고 모두 결과와 일치했을 때, 옳은 것은?

> 기중 : 태호는 3반이 아닌 다른 반의 담임이 될 것이다.
> 태호 : 수란이가 1반의 담임이 될 것이다.
> 신혜 : 태호의 말은 참일 것이다.
> 수란 : 신혜의 예측은 틀렸을 것이다.
> 찬호 : 신혜가 4반의 담임이고, 기중이는 담임을 맡지 않을 것이다.

① 기중은 담임을 맡지 않는다.
② 태호는 1반의 담임이다.
③ 신혜는 3반의 담임이다.
④ 수란은 2반의 담임이다.

☑ **40문항** ⏱ **10분**

▌01 ~ 20▐ 다음에 주어진 문자의 좌우가 서로 같으면 ①, 다르면 ②를 고르시오.

01

| 슬픔은자랑이될수있다 | 슬픈은자랑이돌수있다 |

① 같다   ② 다르다

02

| 17635439843616246 | 17635439843616246 |

① 같다   ② 다르다

03

| I am a resident of Cansinghill Apartments | I am a resident of Cansinghill Apartments |

① 같다   ② 다르다

04

| 애완견공원의야간이용시간을문의하려고 | 애완견공원의야간이용시간을먼의하려고 |

① 같다　　　　　　　　　② 다르다

05

| 개인의창의성을극대화할수있는놀이문화 | 개인의창의성을극대화할수있논눌이문화 |

① 같다　　　　　　　　　② 다르다

06

| 8088880008080088808 | 8088800008080088808 |

① 같다　　　　　　　　　② 다르다

07

Human beings do not enter the world   Human beings do not enter the world

① 같다   ② 다르다

08

ㅁㅈㄹㄹㅁㅇㅍㅇㅊㄱㄹㅎㅁㄱㅈ   ㅁㅈㄹㄹㅁㅇㅍㅇㅊㄱㄹㅎㅁㄴㅈ

① 같다   ② 다르다

09

자신들이기르는소의이름으로불리는것   자신들이기르는소의이름으로불리는것

① 같다   ② 다르다

10

AJXNOVBCJOVNIWLKDZMCN   AJXNOVBCJOVNIWLKOZMCN

① 같다   ② 다르다

11

나랏말쌈이중국에다라샤   나랏말쌈이중국에다라셔

① 같다   ② 다르다

12

간장공장공장장   간장공장공장장

① 같다   ② 다르다

13

| 身體髮膚受之父母 | 身體髮膚受之父母 |

① 같다　　　　　　　　　　② 다르다

14

| 蔣▇버筏▲P미☞↕㉿>？姍 | 蔣▇버筏▲P미☞↕㉿>？姍 |

① 같다　　　　　　　　　　② 다르다

15

| 지각정확성상황판단력창의력 | 지각정확성상황창의력판단력 |

① 같다　　　　　　　　　　② 다르다

16

| 인터未넷주소1창에서2원각만CHI세요 | 인터未넷주소1창에서2원각만CHI세요 |

① 같다　　　　　　　　　　② 다르다

17

| C38AFEMAM54@AS | C38AFENAM54@A5 |

① 같다   ② 다르다

18

| No house without a mouse. | No house wjthout a mouse. |

① 같다   ② 다르다

19

| げじずにぽほぷを | げじずにぽほぶを |

① 같다   ② 다르다

20

| 堯舜之節(요순지절) | 堯舜之節(요순지절) |

① 같다   ② 다르다

| 21 ~ 25 | 다음에 주어진 블록의 개수를 구하시오.

21

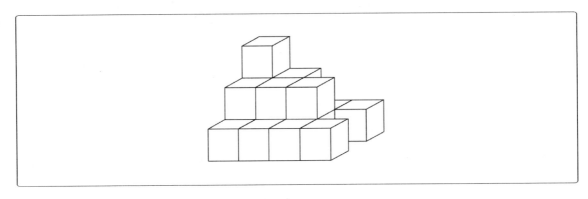

① 14개   ② 15개

③ 16개   ④ 17개

22

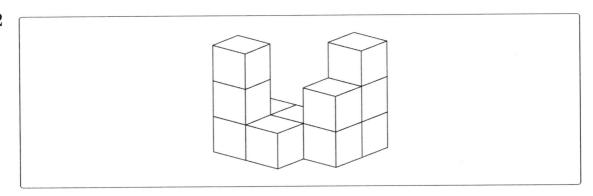

① 10개   ② 11개

③ 12개   ④ 13개

23

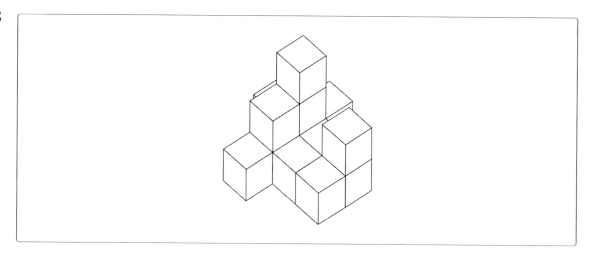

① 11개   ② 12개
③ 13개   ④ 14개

24

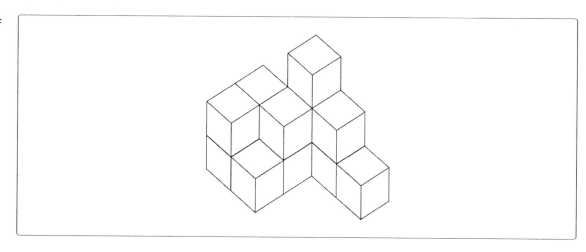

① 13개   ② 15개
③ 17개   ④ 19개

25

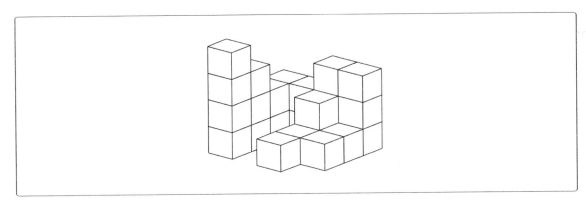

① 22개   ② 23개

③ 24개   ④ 25개

▌26 ～ 30▐ 주어진 블록의 모양은 그대로 두고 최소한의 블록을 더 추가해서 정육면체로 만들려고 한다. 몇 개의 블록이 더 필요한지 고르시오. (단, 모든 블록의 크기와 모양은 같다)

26

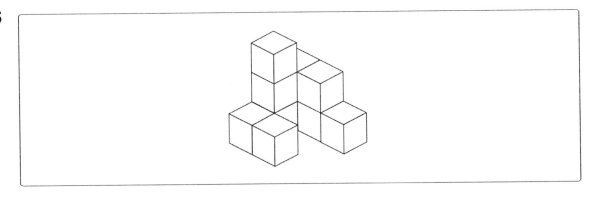

① 15개   ② 16개

③ 17개   ④ 18개

27

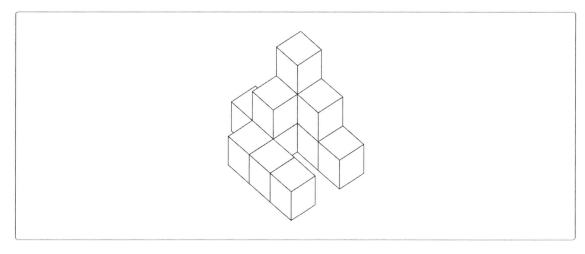

① 16개   ② 18개

③ 52개   ④ 54개

28

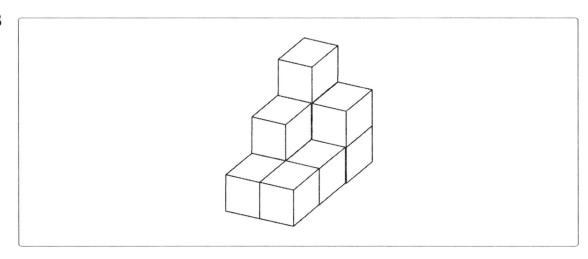

① 17개   ② 18개

③ 19개   ④ 20개

29

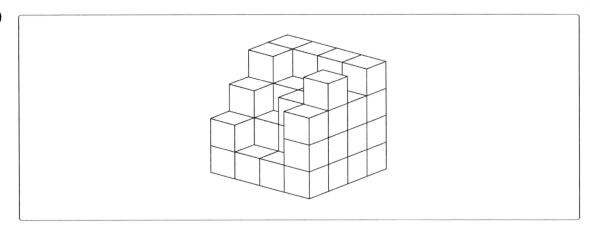

① 15개   ② 16개

③ 17개   ④ 18개

30

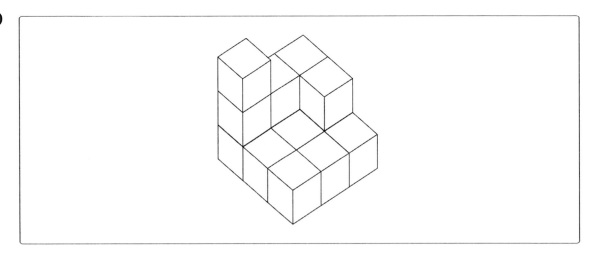

① 10개   ② 11개

③ 12개   ④ 13개

∥31 ~ 35∥ 다음과 같이 쌓인 블록의 바닥면을 제외하고 밖으로 노출된 모든 면에 페인트를 칠하려고 한다. 한 면에만 페인트칠이 되는 블록은 모두 몇 개인지 고르시오.

31

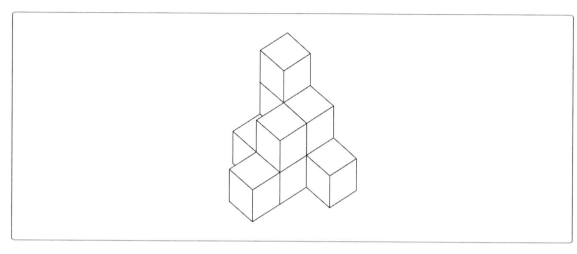

① 0개   ② 1개

③ 2개   ④ 3개

32

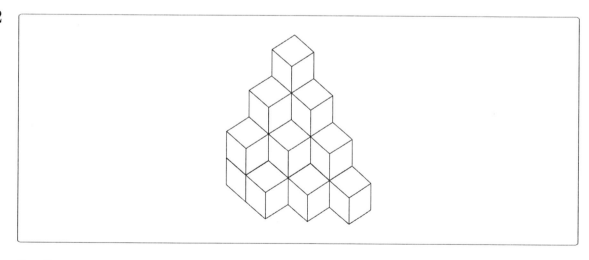

① 3개   ② 4개

③ 5개   ④ 6개

33

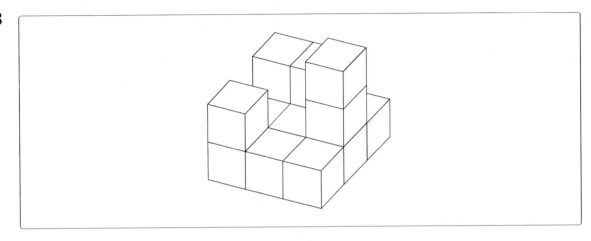

① 0개   ② 1개

③ 2개   ④ 3개

34

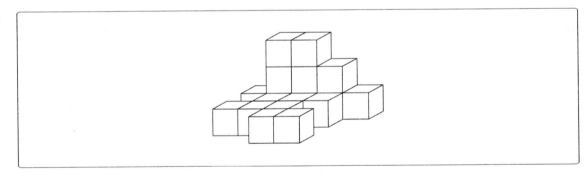

① 0개   ② 1개

③ 2개   ④ 4개

35

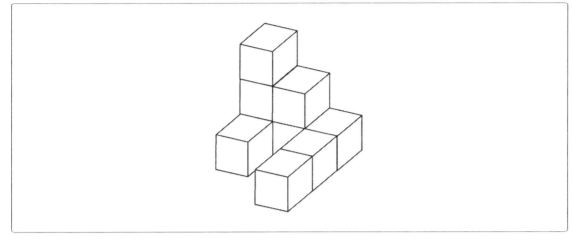

① 0개   ② 1개
③ 2개   ④ 3개

▎36 ～ 40 ▎ 다음 제시된 그림을 순서대로 연결하시오.

36

① ㉠ － ㉢ － ㉣ － ㉡   ② ㉠ － ㉣ － ㉡ － ㉢
③ ㉢ － ㉠ － ㉡ － ㉣   ④ ㉢ － ㉡ － ㉣ － ㉠

37

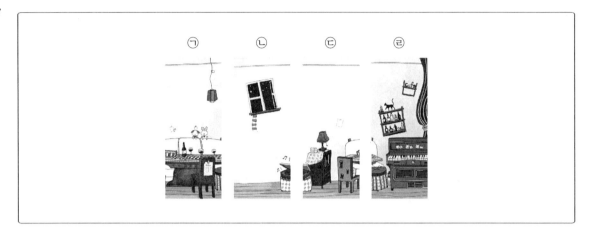

① ㉠ - ㉣ - ㉡ - ㉢　　　② ㉡ - ㉢ - ㉠ - ㉣
③ ㉢ - ㉠ - ㉣ - ㉡　　　④ ㉣ - ㉢ - ㉠ - ㉡

38

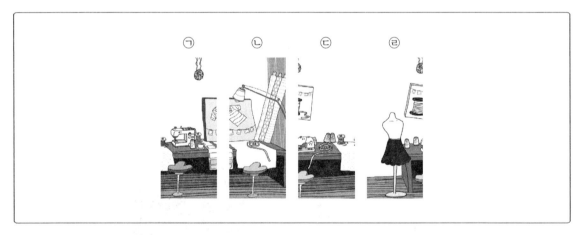

① ㉠ - ㉡ - ㉢ - ㉣　　　② ㉠ - ㉢ - ㉡ - ㉣
③ ㉣ - ㉢ - ㉠ - ㉡　　　④ ㉣ - ㉠ - ㉢ - ㉡

39

① ㉠ - ㉢ - ㉡ - ㉣　　　　② ㉡ - ㉢ - ㉠ - ㉣

③ ㉢ - ㉠ - ㉡ - ㉣　　　　④ ㉣ - ㉠ - ㉢ - ㉡

40

① ㉠ - ㉢ - ㉡ - ㉣　　　　② ㉠ - ㉡ - ㉣ - ㉢

③ ㉢ - ㉠ - ㉡ - ㉣　　　　④ ㉢ - ㉣ - ㉡ - ㉠

실전모의고사 제2회

| 01 | 수리능력 |

┃01 ~ 10┃ 다음 식을 계산하여 알맞은 답을 고르시오.

01

$$521 - 107 - 227$$

① 166
② 187
③ 191
④ 200

02

$$2^5 + 2^2 + 2^{-1}$$

① 36.5
② 39.5
③ 43.5
④ 52.5

03

$$4 + 4^3 \times 4$$

① 170
② 220
③ 260
④ 310

04

$$13{,}600 \times 60\%$$

① 7140　　　　　　　　② 7,260

③ 8,160　　　　　　　　④ 8,640

05

$$2\frac{3}{5} + 3\frac{4}{5}$$

① $4\frac{3}{4}$　　　　　　　② $5\frac{3}{5}$

③ $5\frac{3}{4}$　　　　　　　④ $6\frac{2}{5}$

06

$$\frac{21}{63} \times \frac{15}{6} \times 4$$

① $1\frac{1}{2}$　　　　　　　② $1\frac{4}{7}$

③ $2\frac{4}{9}$　　　　　　　④ $3\frac{1}{3}$

07

$$\sqrt{4} + \sqrt{25} + \sqrt{16}$$

① 9
② 11
③ 13
④ 14

08

$$0.5 \times 1.9 + 2.2$$

① 3.2
② 3.15
③ 4.22
④ 4.34

09

$$30 \times 10^{-1} \times 10^{-3}$$

① 0.003
② 0.005
③ 0.015
④ 0.025

10

$$5! \times 2 + 3$$

① 243   ② 360

③ 523   ④ 600

▌11 ~ 15▐ 다음 계산식의 빈칸에 들어갈 알맞은 수 또는 연산기호를 고르시오.

11

$$68 \div (\quad) + 10 = 27$$

① 2   ② 4

③ 6   ④ 8

12

$$4\,(\,)\, - 5 = 9$$

① +   ② −

③ ×   ④ ÷

13

$$32 \times 3 \div (\ ) = 19.2$$

① 2　　　　　　　　　② 3

③ 4　　　　　　　　　④ 5

14

$$72 - (\quad) \times 5 = 42$$

① 4　　　　　　　　　② 5

③ 6　　　　　　　　　④ 7

15

$$67 (\quad) 2 - 19 = 14.5$$

① +　　　　　　　　　② −

③ ×　　　　　　　　　④ ÷

┃16 ~ 25 ┃ 다음에 주어진 A와 B값의 대소 관계를 바르게 비교한 것을 고르시오.

16

- A : $30^m\!/\!s$
- B : $108km/h$

① A > B

② A < B

③ A = B

④ 비교할 수 없다.

17

- A : 0.75
- B : $\dfrac{6}{8}$

① A > B

② A < B

③ A = B

④ 비교할 수 없다.

18

- A : $\dfrac{3}{7}$
- B : $\dfrac{5}{4}$

① A > B

② A < B

③ A = B

④ 비교할 수 없다.

19

• A : 6yd	• B : 30ft

① A > B ② A < B
③ A = B ④ 비교할 수 없다.

20

• A : $\sqrt{64}$	• B : $5 - \sqrt{16}$

① A > B ② A < B
③ A = B ④ 비교할 수 없다.

21

• A : 정육면체 모서리	• B : 28과 42의 최대공약수

① A > B ② A < B
③ A = B ④ 비교할 수 없다.

22

- A : 지름의 길이가 10cm인 원의 넓이(원주율 3)
- B : 반지름의 길이가 4cm인 원의 넓이(원주율 4)

① A > B ② A < B

③ A = B ④ 비교할 수 없다.

23

- A : 정이십면체 꼭짓점의 수
- B : 정십이면체 면의 수

① A > B ② A < B

③ A = B ④ 비교할 수 없다.

24

- A : $\sqrt{74}$ - B : $\dfrac{11}{37}$

① A > B ② A < B

③ A = B ④ 비교할 수 없다.

25

• A : 80g	• B : 3.2oz

① A > B　　　　　　　　　② A < B

③ A = B　　　　　　　　　④ 비교할 수 없다.

26 A컵 안에 소금물 농도가 25%인 소금물 100g이 있다. 이 컵 안에 농도가 10%인 소금물 200g이 담긴 B컵의 소금물을 $\frac{1}{4}$을 덜어서 A컵에 담았다. A컵 안에 들어있는 소금물의 농도는?

① 13%　　　　　　　　　② 20%

③ 25%　　　　　　　　　④ 30%

27 수영이네 집에서 20km 떨어진 직장까지 1시간이 소요된다. 전동킥보드로 5km를 타고 내린 후에는 버스로 시속 35km를 간다. 수영이가 전동 킥보드를 탈 때 소요되는 시간은? (단, 버스를 내리고 타는 시간과 속도 변경에 시간은 제외한다)

① 15분　　　　　　　　　② 20분

③ 30분　　　　　　　　　④ 1시간

28 A사의 작년 한 해 동안의 실외기 수리와 에어컨 설치 건수는 총 238건이다. 서비스를 개선하여 올 해의 실외기 수리와 에어컨 설치 건수가 작년보다 각각 40%, 10%씩 감소하였다. 올 해 실외기 수리 건수의 비가 5 : 3일 경우, 올 해의 실외기 수리 건수는 몇 건인가?

① 102건   ② 100건

③ 98건   ④ 95건

29 A기업의 직원 60명에게 사내 동아리 가입 실태에 대하여 설문조사를 실시하였다. 헬스 동아리에 가입해 있는 사람이 35명, 독서 동아리에 가입해 있는 사람이 28명, 어느 동아리에도 가입하지 않은 사람이 5명이었다면, 헬스 동아리는 가입하였으나 독서 동아리에는 가입하지 않은 사람은 몇 명인가? (동아리의 중복 가입 및 활동은 가능하다)

① 27명   ② 26명

③ 25명   ④ 24명

30 박스 안에는 사과, 배, 참외, 귤이 총 100개가 들어있다. 귤이 총 5개 들어있을 때 사과가 박스 안에 몇 개가 들어있는가?

- 참외는 귤보다 3배 많고 배보다는 3배 적다.
- 배에서 10개를 빼면 사과와 개수가 같다.
- 과일의 개수는 배, 사과, 참외, 귤 순으로 많이 들어 있다

① 30   ② 35

③ 45   ④ 50

31 경민과 유정은 처음으로 프로젝트 업무를 맡게 되었다. 두 사람이 함께 자료조사를 하면 4시간이 소요된다. 만약 혼자서 자료조사를 해야 한다면 유정이는 8시간이 걸린다. 경민이 혼자서 자료조사를 한다면 몇 시간이 걸리는가?

① 2시간　　　　　　　　　　　② 4시간

③ 6시간　　　　　　　　　　　④ 8시간

32 빨간색 주사위 2개와 파란색 주사위 2개가 있다. 4개의 주사위를 무작위로 던져서 빨간색 주사위의 합이 10이상이면 당첨이 된다. 당첨이 될 확률은?

① $\dfrac{1}{12}$　　　　　　　　　② $\dfrac{1}{29}$

③ $\dfrac{1}{15}$　　　　　　　　　④ $\dfrac{1}{36}$

33 甲업체는 A, B 2개의 생산라인에서 레일을 생산한다. 2개의 생산라인을 하루 종일 풀가동할 경우 3일 동안 525개의 레일을 생산할 수 있으며, A라인만을 풀가동하여 생산할 경우 90개의 레일을 생산할 수 있다. A라인만을 풀가동하여 5일 간 제품을 생산하고 이후 2일은 B라인만을, 다시 추가로 2일 간은 A, B라인을 함께 풀가동하여 생산을 진행한다면, 甲업체가 생산한 총 레일의 개수는 모두 몇 개인가?

① 940개

② 970개

③ 1,050개

④ 1,120개

34 A는 집들이에 가기 전 카페에서 음료를 구매하려고 한다. 카페에는 총 여섯 종류의 음료가 있다. 여기서 딱 세 종류의 음료를 구매할 때, 선택할 수 있는 음료의 조합은 모두 몇 가지인가?

① 10   ② 12

③ 16   ④ 20

35 甲시는 공원 조성 사업을 시작하려고 한다. 한 변의 길이가 40m인 정사각형 모양의 공원에 5m 간격으로 벚꽃나무를 심으려고 할 때 필요한 벚꽃나무는 몇 그루인가?

① 26그루   ② 27그루

③ 30그루   ④ 32그루

36 다음에 제시된 도시철도운영기관별 교통약자 편의시설에 대한 도표를 참고할 때, 이에 대한 보기와 같은 설명 중 도표의 내용을 올바르게 이해한 것은 어느 것인가? (단, 한 역에는 한 종류의 편의시설만 설치된다)

구분	A도시철도운영기관		B도시철도운영기관		C도시철도운영기관	
	설치역수	설치대수	설치역수	설치대수	설치역수	설치대수
엘리베이터	116	334	153	460	95	265
에스컬레이터	96	508	143	742	92	455
휠체어리프트	28	53	53	127	50	135

① 세 도시철도운영기관의 평균 휠체어리프트 설치대수는 100개 미만이다.

② 총 교통약자 편의시설의 설치역당 설치대수는 A도시철도운영기관이 가장 많다.

③ C도시철도운영기관의 교통약자 편의시설 중, 설치역당 설치대수는 엘리베이터가 가장 많다.

④ 휠체어리프트의 설치역당 설치대수는 C도시철도운영기관이 가장 많다.

37 다음은 직원들을 대상으로 대중교통을 이용하는 횟수에 대한 설문 조사 결과를 나타낸 예시자료이다. 설문에 참여한 총 인원의 월 평균 대중교통을 이용하는 횟수가 65회라면, 빈 칸에 들어갈 알맞은 인원수는 몇 명인가?

월 평균 대중교통 이용 횟수(회)	인원 수(명)
0 ~ 20	10
20 ~ 40	20
40 ~ 60	30
60 ~ 80	( )
80 ~ 100	25
100 ~ 120	20

① 32
② 35
③ 38
④ 40

38 다음은 A지역의 '이웃에 대한 신뢰도'를 나타낸 예시자료이다. 자료에 대한 분석으로 적절하지 못한 것은?

(단위 : %, 10점 만점)

구분		신뢰하지 않음	보통	신뢰함	평균(10점)
전체		18.9	41.1	40.0	5.54
성	남성	18.5	42.2	39.3	5.54
	여성	19.2	40.1	40.7	5.54
연령	10대	22.6	38.9	38.5	5.41
	20대	21.8	41.6	36.5	5.35
	30대	18.9	42.8	38.2	5.48
	40대	18.8	42.4	38.8	5.51
	50대	17.0	42.0	41.1	5.65
	60세 이상	17.2	38.2	44.6	5.70

① A지역 주민 10명 중 4명은 이웃을 신뢰한다.
② 이웃을 신뢰하는 사람의 비중과 평점의 연령별 증감 추이는 동일하지 않다.
③ 20대 이후 연령층에서는 고령자일수록 이웃을 신뢰하는 사람의 비중이 더 높다.
④ 남성과 여성은 같은 평점을 주었으나, 이웃을 신뢰하는 사람의 비중은 남성이 1%p 이상 낮다.

39 기업이 각 문항의 긍정 답변에 대해 백분율을 산출하였을 때, 백분율 ㉠ ~ ㉣의 총 합은 몇인가?(단, 단위는 생략한다)

기업은 직원 120명을 대상으로 회사 복지에 대한 만족도 설문조사를 실시하였다. 설문 문항은 4문항이며, 자기계발 지원비 지급, 휴가 및 인센티브 지급, 편의시설, 사내행사에 대해 '매우 그렇다', '그렇다', '보통이다', '그렇지 않다', '매우 그렇지 않다'로 답변할 수 있도록 구성하였다. 다음은 각 문항에 대해 '매우 그렇다', '그렇다'라고 답변한 빈도와 백분율을 나타낸 것이다.

〈만족도 조사 결과(긍정 답변)〉

구분	빈도	백분율
1. 자기계발 지원비 지급에 대해 만족하였다.	30	㉠
2. 휴가 및 인센티브 지급에 대해 만족하였다.	48	㉡
3. 편의시설에 대해 만족하였다.	42	㉢
4. 사내행사에 만족하였다.	30	㉣

① 109   ② 125
③ 134   ④ 154

40 다음 전월세전환율에 대한 설명을 참고할 때, A가구의 전월세전환율이 B가구의 전월세전환율 대비 25% 높을 경우, A가구의 전세금은 얼마인가?

전월세전환율이란 전세에서 월세로 전환 시 월세를 정하는 기준을 말한다. 일반적으로 전월세전환율이 낮을수록 월세 부담이 적어진다. 기준금리에 주택임대차보호법 시행령에 지정된 배수를 곱한 값이 전월세전환율이며, 다음과 같은 산식으로 계산하기도 한다.

전월세전환율 = {월세 × 12(개월) ÷ (전세 보증금 − 월세 보증금)} × 100

(단위 : 만 원)

구분	A가구	B가구
전세금	( )	42,000
월세보증금	25,000	30,000
월세	50	60

① 31,000만 원   ② 32,000만 원
③ 33,000만 원   ④ 34,000만 원

▐01~10▐ 다음의 제시된 숫자의 배열을 보고 규칙을 적용하여 "?"에 들어갈 숫자를 고르시오.

01

$$\frac{5}{3} \quad \frac{9}{9} \quad \frac{17}{27} \quad \frac{?}{81}$$

① 33
③ 53

② 47
④ 61

02

$$\frac{1}{6} \quad \frac{6}{7} \quad \frac{42}{13} \quad \frac{546}{?}$$

① 18
③ 42

② 23
④ 55

03

$$\frac{5}{2} \quad \frac{8}{4} \quad \frac{12}{6} \quad \frac{?}{8}$$

① 14
③ 18

② 16
④ 20

04

$$\frac{1}{3} \quad \frac{7}{5} \quad \frac{17}{19} \quad \frac{55}{?}$$

① 25   ② 38

③ 45   ④ 53

05

$$\frac{3}{2} \quad \frac{9}{4} \quad \frac{81}{16} \quad \frac{6561}{?}$$

① 26   ② 32

③ 54   ④ 256

06

$$\frac{5}{4} \quad \frac{18}{2} \quad \frac{40}{32} \quad \frac{144}{?}$$

① 12   ② 16

③ 64   ④ 73

07

$$\frac{2}{720} \quad \frac{3}{360} \quad \frac{4}{120} \quad \frac{5}{?}$$

① 10   ② 15

③ 30   ④ 60

08

$$\frac{2}{1} \quad \frac{4}{2} \quad \frac{16}{4} \quad \frac{?}{8}$$

① 89　　　　　　　　　② 178

③ 256　　　　　　　　④ 512

09

$$\frac{1}{2} \quad \frac{1}{5} \quad \frac{4}{10} \quad \frac{6}{?}$$

① 17　　　　　　　　　② 20

③ 32　　　　　　　　　④ 37

10

$$\frac{4}{3} \quad \frac{7}{5} \quad \frac{10}{7} \quad \frac{?}{9}$$

① 7　　　　　　　　　② 13

③ 15　　　　　　　　　④ 16

|11 ~ 15| 다음은 일정한 규칙으로 나열된 문자이다. 빈칸에 들어갈 알맞은 문자를 고르시오.

11

ㄱ - ㄱ - ㄴ - ㄷ - ㅁ - ( ) - ㅍ

① ㅁ   ② ㅂ
③ ㅅ   ④ ㅇ

12

A - C - F - I - L - ( )

① O   ② P
③ Q   ④ R

13

B - A - D - D - F - I - ( )

① F   ② G
③ H   ④ I

14

ㄴ - ㄱ - ㄹ - ㄷ - ㅂ - ㅁ - ㅇ - ( )

① ㅂ   ② ㅅ
③ ㅈ   ④ ㅊ

15

ㄴㄷㄹㅂㅂㅅㅇ( )

① ㅊ   ② ㅋ
③ ㅌ   ④ ㅍ

| 16 ~ 18 | 다음의 밑줄 친 수들의 규칙을 파악하여 빈칸에 들어갈 알맞은 수를 고르시오.

16

$$\underline{4\ 10\ 2}\quad \underline{3\ 17\ 5}\quad \underline{6\ 14\ 2}\quad \underline{5\ (\ )\ 2}$$

① 12 ② 14
③ 16 ④ 18

17

$$\underline{3\ 11\ 2}\quad \underline{5\ 29\ 4}\quad \underline{5\ 47\ 7}\quad \underline{2\ (\ )\ 7}$$

① 17 ② 19
③ 21 ④ 23

18

$$\underline{11\ 5\ 2}\quad \underline{23\ 6\ 5}\quad \underline{40\ 0\ 8}\quad \underline{5\ (\ )\ 2}$$

① 2 ② 3
③ 4 ④ 5

| 19 ~ 20 | 다음에 주어진 연산기호의 규칙을 파악하여 빈칸에 들어갈 알맞은 수를 고르시오.

19

$$12 \triangleright 5 = 4 \quad 33 \triangleright 7 = 7 \quad 41 \triangleright 3 = 6 \quad 62 \triangleright 9 = (\ )$$

① 6 ② 8
③ 10 ④ 12

20

$$11 \bigstar 3 = 19 \quad 7 \bigstar 5 = 9 \quad 5 \bigstar 8 = 2 \quad (3 \bigstar 5) \bigstar 2 = (\ )$$

① 0 ② 1
③ 2 ④ 3

21
① fifi
② ㄷㅂㄷㅂ
③ 차카차카
④ OROR

22
① POLH
② ㅌㅋㅈㅂ
③ 9863
④ ㅇㅅㅁㄴ

23
① KJIH
② fedc
③ ㅠㅜㅗㅛ
④ 라다나가

24
① 주노초파
② 초파남보
③ 노초파남
④ 빨주초노

25
① ㄱㄷㅁㅅ
② ㄷㄹㅁㅂ
③ ㅂㅇㅊㅌ
④ ㅅㅈㅋㅍ

▌26 ~ 35 ▌ 다음 도형들의 일정한 규칙을 찾아 빈칸에 들어갈 도형을 고르시오.

26

Z	A	L		Y	C	M		X	E	N		W	G	O				
U	K	Q		T	M	R		S	O	S		R	Q	T				
P	U	V		O	W	W		N	Y	X		M	A	Y				

①

V	I	P
R	S	T
N	B	Z

②

V	I	P
Q	S	U
L	C	Z

③

V	J	P
Q	S	T
N	C	Z

④

U	I	P
R	S	U
L	B	Z

27

①

②

③

④

28

①

②

③

④

29

①

②

③

④

30

①   ②

③   ④

31

①   ②

③   ④

32

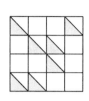   ?

①   ②

③   ④

33

   ?

①   ②

③   ④

34

①
○○○○○
○○○○○
○○○○○
○◇◇○○

②
○○○○○
◇◇○○○
○◇◇○○
○○○○○

③
○○○○○
○○○◇○
○○○○○
◇◇◇◇◇

④
○○○○○
○○○○○
○◇◇◇◇
○○○○○

35

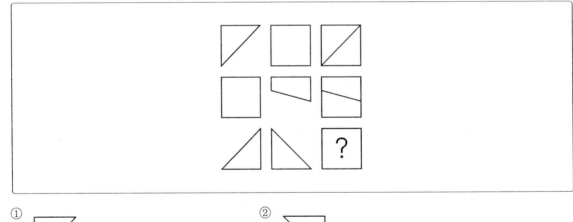

①

②

③

④

36 다음의 말이 참일 때 항상 참인 것을 고르시오.

- 무리지어 움직이는 모든 동물은 공동 육아를 한다.
- 공동 육아를 하는 모든 동물은 역할분담을 한다.
- 돌고래는 무리지어 움직이는 동물이다.

① 돌고래는 공동 육아를 하는 동물이다.
② 공동 육아를 하는 동물 중에는 무리지어 움직이지 않는 동물도 있다.
③ 돌고래는 집단에서 별도의 역할을 부여받지 않는다.
④ 무리지어 움직이지 않는 돌고래도 있다.

▌37 ~ 38▌ 다음에 제시된 전제에 따라 결론을 바르게 추론한 것을 고르시오.

37

- 군주가 오직 한 사람만을 신임하면 나라를 망친다.
- 군주가 사람을 신임하지 않으면 나라를 망친다.
- 그러므로 _____

① 어느 군주가 나라를 망치지 않았다면, 그는 오직 한 사람만을 신임한 것이다.
② 어느 군주가 나라를 망치지 않았다면, 그는 사람을 신임하지 않았다는 것이다.
③ 어느 군주가 나라를 망치지 않았다면, 그는 오직 한 사람만을 신임한 것은 아니다.
④ 어느 군주가 오직 한 사람만을 신임하지 않았다면, 그는 나라를 망치지 않은 것이다.

38

- 만약 지금 햇빛이 비추면 빨래가 마를 것이다.
- 빨래는 마르지 않았다.
- 그러므로 _____

① 지금 햇빛이 비추고 있지 않다.
② 지금 햇빛이 비추고 있다.
③ 잠시 후에 햇빛이 비출 것이다.
④ 잠시 후에 빨래가 마를 것이다.

39 주어진 결론을 반드시 참으로 하는 전제를 고르시오.

전제 1 : _____
전제 2 : 어떤 여자는 S대학교에 입학했다.
결론 : 사교육을 받은 어떤 여자는 S대학교에 입학했다.

① 모든 여자는 사교육을 받았다.
② 모든 여자는 사교육을 받지 않았다.
③ 어떤 여자는 사교육을 받았다.
④ 어떤 여자는 사교육을 받지 않았다.

40 농구에서 4개의 팀이 1개 조를 이루어 예선전을 한다. 예선전은 리그전 방식으로 경기를 진행하고 4강부터는 토너먼트 방식으로 경기를 진행하는데 2개의 팀이 진출한다. 예선전에서 A는 1승 1무, B는 1승 1패, C는 1승 1무, D는 2패를 기록하고 있을 때 남은 경기가 A와 D, B와 C가 남았다면 다음 중 설명이 바르게 된 것은?

① A는 B와 C의 경기결과에 상관없이 진출한다.
② A가 D에게 지고 B가 C에게 이기면 A는 탈락이다.
③ A가 D에게 이기면 무조건 진출한다.
④ D는 남은 경기결과에 따라 진출 여부가 결정된다.

▌01 ~ 20▐ 다음에 주어진 문자의 좌우가 서로 같으면 ①, 다르면 ②를 고르시오.

01

최고의제품과서비스를창출   최고의체품과서비스를장출

① 같다   ② 다르다

02

54137865204691206   54137975204691206

① 같다   ② 다르다

03

I went there again this time   I went there again this time

① 같다   ② 다르다

04

전기차를더편리하게사용할수있는환경   전기차를더편리하게사용할수있는환경

① 같다   ② 다르다

05

세계최고를향한경쟁에서당당히승리한다　　　세계최고를향한경쟁에서당당히승리한다

① 같다　　　　　　　　　　　② 다르다

06

3833388338338338888　　　3833388333333333888

① 같다　　　　　　　　　　　② 다르다

07

The suitcase wouldn't take another thing　　　The suitcase wouldn't take anether thiug

① 같다　　　　　　　　　　　② 다르다

08

ㅊㅍㅇㅈㅎㅃㅇㅌㄷㅂㅅㄹㅁㅌ　　　ㅊㅍㅇㅈㅎㅃㅇㅌㄷㅍㅅㄹㅁㅌ

① 같다　　　　　　　　　　　② 다르다

09

거시경제정책의자율성을충분히확보한다 　　거시경제정책의자율성을충분히확보한다

① 같다　　　　　　　　　　　② 다르다

10

COWIAMXQWKDNLINWDWXP　　COWIAMXQMJDNLINWDWXP

① 같다　　　　　　　　　　　② 다르다

11

불휘기픈남간바라매　　불휘기픈남간바라매

① 같다　　　　　　　　　　　② 다르다

12

경찰청창살쇠창살　　경찰청장살쇠창살

① 같다　　　　　　　　　　　② 다르다

13

過而不改是謂過矣　　　過而不改是謂過矣

① 같다　　　　　　　　　② 다르다

14

ⅢJ推M★각①PW□✖減　　　ⅡJ推M★각①PW□✖減

① 같다　　　　　　　　　② 다르다

15

끊임없는열정으로미래에도전　　　끊임없는열정으로미래에도전

① 같다　　　　　　　　　② 다르다

16

성공의DML그날까지7빛바래之않도록　　　성공의DML그날까지7빛바래之않도록

① 같다　　　　　　　　　② 다르다

17

E53CWKUBT48%UQ   E53OWKYBT48%UQ

① 같다   ② 다르다

18

Which is an example of other   Which is an exanple of othez

① 같다   ② 다르다

19

ぼざぞべらぴいぇ   ぼざぞべらぴいぇ

① 같다   ② 다르다

20

博學多識(박학다식)   博學多識(박학다식)

① 같다   ② 다르다

다음에 주어진 블록의 개수를 구하시오.

21

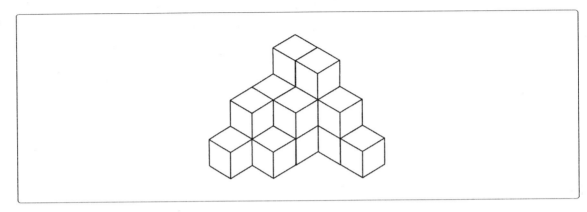

① 11개   ② 13개

③ 15개   ④ 17개

22

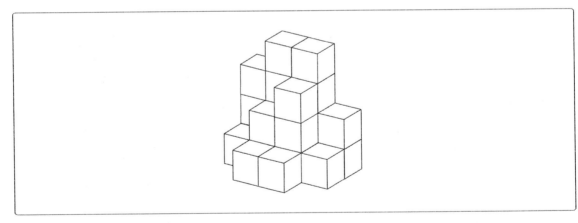

① 18개   ② 20개

③ 22개   ④ 24개

23

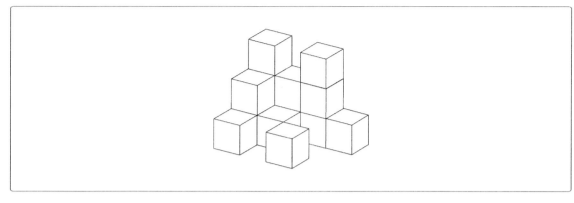

① 12개　　　　　　　　　② 13개
③ 14개　　　　　　　　　④ 15개

24

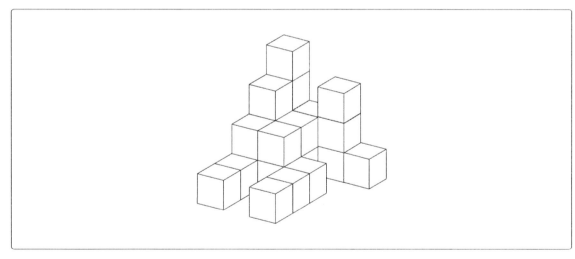

① 24개　　　　　　　　　② 25개
③ 26개　　　　　　　　　④ 27개

25

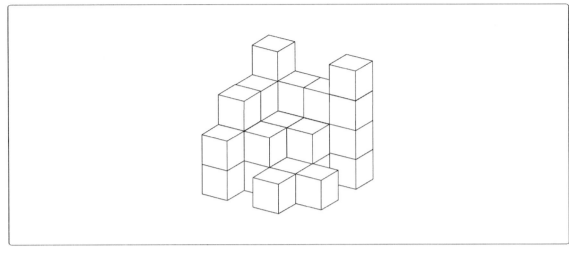

① 28개　　　　　　　　② 29개

③ 30개　　　　　　　　④ 31개

┃26 ~ 30┃ 주어진 블록의 모양은 그대로 두고 최소한의 블록을 더 추가해서 정육면체로 만들려고 한다. 몇 개의 블록이 더 필요한지 고르시오. (단, 모든 블록의 크기와 모양은 같다)

26

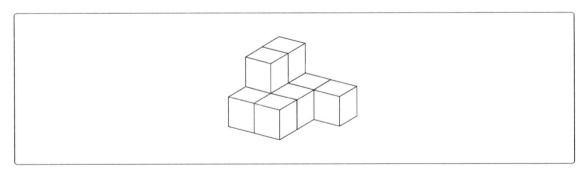

① 18개　　　　　　　　② 19개

③ 20개　　　　　　　　④ 21개

27

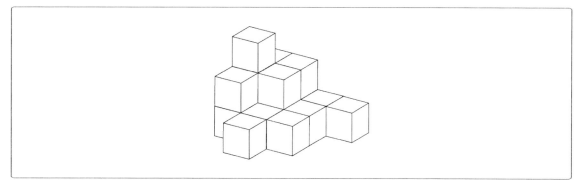

① 41개　　　　　　　　② 43개

③ 45개　　　　　　　　④ 47개

28

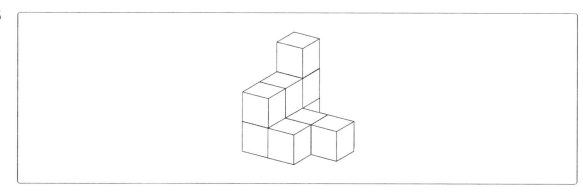

① 16개　　　　　　　　② 17개

③ 18개　　　　　　　　④ 19개

29

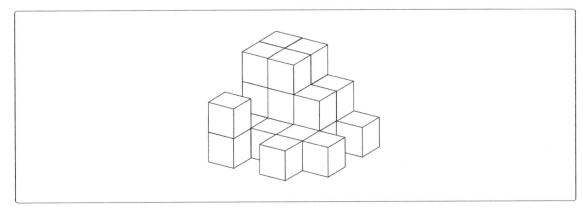

① 38개   ② 40개

③ 42개   ④ 44개

30

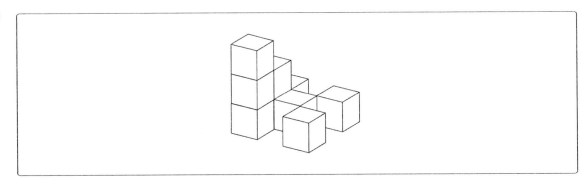

① 16개   ② 17개

③ 18개   ④ 19개

｜31 ～ 35 ｜ 다음과 같이 쌓인 블록의 윗면과 바닥면을 제외하고 밖으로 노출된 모든 면에 페인트를 칠하려고 한다. 한 면에만 페인트칠이 되는 블록은 모두 몇 개인지 고르시오.

31

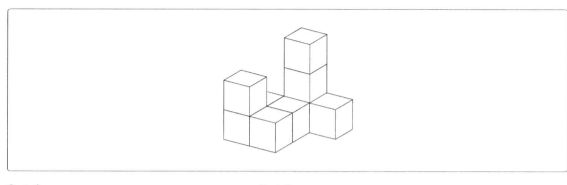

① 0개   ② 1개

③ 2개   ④ 3개

32

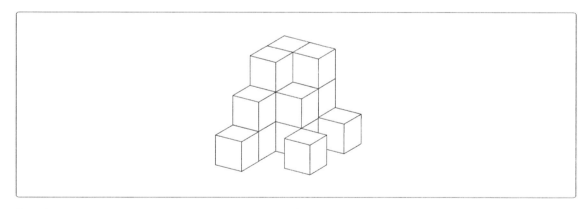

① 3개   ② 4개

③ 5개   ④ 6개

33

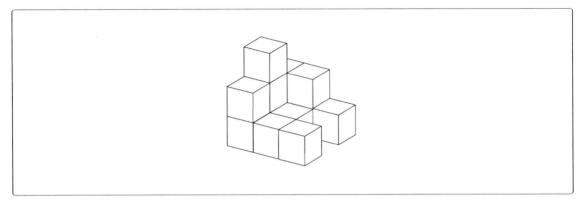

① 4개   ② 5개

③ 6개   ④ 7개

34

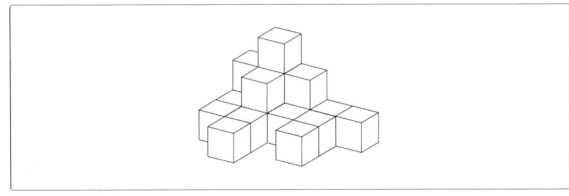

① 6개   ② 7개

③ 8개   ④ 9개

35

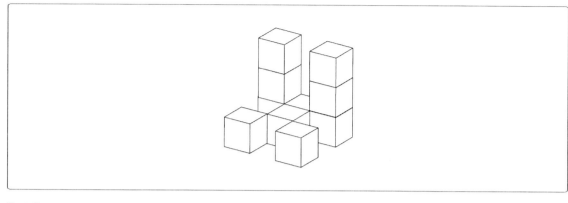

① 0개   ② 1개

③ 2개   ④ 3개

❚36 ~ 40❚ 다음 제시된 그림을 순서대로 연결하시오.

36

① ㉠ - ㉡ - ㉢ - ㉣   ② ㉠ - ㉢ - ㉡ - ㉣

③ ㉡ - ㉢ - ㉣ - ㉠   ④ ㉡ - ㉣ - ㉠ - ㉢

37

① ㉣ ─ ㉢ ─ ㉠ ─ ㉡
② ㉣ ─ ㉠ ─ ㉡ ─ ㉢
③ ㉢ ─ ㉣ ─ ㉠ ─ ㉡
④ ㉢ ─ ㉡ ─ ㉣ ─ ㉠

38

① ㉠ ─ ㉣ ─ ㉢ ─ ㉡
② ㉠ ─ ㉢ ─ ㉣ ─ ㉡
③ ㉡ ─ ㉠ ─ ㉢ ─ ㉣
④ ㉡ ─ ㉠ ─ ㉣ ─ ㉢

39

① ㄹ － ㄷ － ㄴ － ㄱ
② ㄹ － ㄴ － ㄷ － ㄱ
③ ㄷ － ㄹ － ㄱ － ㄴ
④ ㄷ － ㄹ － ㄴ － ㄱ

40

① ㄱ － ㄹ － ㄷ － ㄴ
② ㄱ － ㄷ － ㄹ － ㄴ
③ ㄴ － ㄷ － ㄹ － ㄱ
④ ㄴ － ㄹ － ㄷ － ㄱ

정답 및 해설

01 | 실전 모의고사 1회

수리능력

01	02	03	04	05
①	③	②	①	②
06	07	08	09	10
②	③	④	①	②
11	12	13	14	15
③	④	②	②	④
16	17	18	19	20
①	②	③	①	①
21	22	23	24	25
④	①	②	①	③
26	27	28	29	30
③	③	④	③	①
31	32	33	34	35
②	②	③	①	③
36	37	38	39	40
③	③	③	②	③

01 ①

$721 - 315 - 208 = 198$

02 ③

$2^3 + 2^2 \times 2^{-1} = 8 + 4 \times \dfrac{1}{2} = 10$

03 ②

$7 + 7 \times 7^{-1} + 1 \times 7 = 7 + 1 + 7 = 15$

04 ①

$36.78 + 21.06 + 4.11 = 61.95$

05 ②

$\dfrac{21}{72} \times \dfrac{16}{7} \times 6 = 4$

06 ②

$2^2 \times 3^2 \times 4^2 = 576$

07 ③

$\sqrt{16} + \sqrt{25} + \sqrt{36} = 15$

08 ④

$11_{(2)} + 111_{(2)} + 1111_{(2)} = 3 + 7 + 15 = 25$

09 ①

$50 \times 10^{-1} \times 10^{-2} = 0.05$

10 ②

$0.4 \times 1.8 \times 2.7 = 1.944$

11 ③

$78 \div (6) + 55 = 68$

12 ④

$36 \times 12 \div (54) = 8$

13 ②

$(32) - 24 = 8$

14 ②

$203 \, (-) \, 128 = 75$

15 ④

$1 + 72 \, (\div) \, 9 = 9$

16 ①

$A : \dfrac{3}{4} = \dfrac{9}{12}$

$B : \dfrac{2}{3} = \dfrac{8}{12}$

$\therefore A > B$

17 ②

$A - B = 3\dfrac{3}{7} - 3\dfrac{2}{3} = \dfrac{3}{7} - \dfrac{2}{3} = \dfrac{9 - 14}{21} < 0$

$\therefore A < B$

18 ③

$A : 1.25$

$B : \dfrac{5}{4} = 1.25$

$\therefore A = B$

19 ①

1m/s는 3.6km/h이므로, 10m/s는 36km/h이다.

$\therefore A > B$

20 ①

$A : 3 < \sqrt{11} < 4$

$B : 2 < 4 - \sqrt{3} < 3$

$\therefore A > B$

21 ④

$A - B = 5a - b + 1 - (4a + 3b - 10)$
$\qquad = a - 4b + 11$

$a - 4b < 3$ 이므로

$A - B < 14$

$\therefore A$와 B의 대소를 비교할 수 없다.

22 ①

$A : 432 = 2^4 \times 3^3, \; 360 = 2^3 \times 3^2 \times 5$이므로 이 둘의 최대공약수는 $2^3 \times 3^2 = 72$

$B : 540 = 2^2 \times 3^3 \times 5, \; 567 = 3^4 \times 7$이므로 이 둘의 최대공약수는 $3^3 = 27$

$\therefore A > B$

23 ②

A : 6개, B : 30개

※ 정다면체의 면, 꼭짓점, 모서리의 개수

구분	정사면체	정육면체	정팔면체	정십이면체	정이십면체
면	4	6	8	12	20
꼭짓점	4	8	6	20	12
모서리	6	12	12	30	30

24 ①

$A : 3^3 < 40 < 4^3 \Rightarrow 3 < \sqrt[3]{40} < 4$

$B : 2^5 < 90 < 3^5 \Rightarrow 2 < \sqrt[5]{90} < 3$

$\therefore A > B$

25 ③

A : 중심각이 $60°$인 부채꼴의 두 반지름과 현은 정삼각형을 이룬다. 따라서 현의 길이＝반지름의 길이, 즉 10cm이다.

B : 정육면체의 겉넓이＝$6 \times$(모서리의 길이)^2

이므로 겉넓이가 600cm^{2}인 정육면체의 모서리의 길이는 10cm이다.

$\therefore A = B$

26 ③

5%의 설탕물의 양을 xg이라고 하면 10%의 설탕물의 양은 $(300-x)$g이다. 두 설탕물을 섞기 전과 섞은 후에 들어 있는 설탕의 양은 같으므로

$\dfrac{5}{100} \times x + \dfrac{10}{100} \times (300-x) = \dfrac{8}{100} \times 300$

$5x + 3000 - 10x = 2400, \ -5x = -600$

$\therefore x = 120(g)$

27 ③

시속 80km로 간 거리를 $x$km라 하면 시속 100km로 간 거리는 $(170-x)$km이므로

$\dfrac{x}{80} + \dfrac{170-x}{100} = 2, 5x + 4(170-x) = 800, \ x = 120$이다.

그러므로 시속 80km로 간 거리는 120km이다.

28 ④

일정한 간격으로 놓는 꽃의 개수를 최소한으로 하려면 꽃 사이의 간격은 294, 63의 최대공약수인 $3 \times 7 = 21$이어야 한다. 따라서 필요한 꽃의 개수는 가로방향으로 $294 \div 21 = 14$, 세로방향으로 $63 \div 21 = 3$이므로 $(14 + 3) \times 2 = 34$(개)이다.

29 ③

더 넣은 소금의 양을 xg이라고 하면

$\dfrac{12}{100} \times 300 + x = \dfrac{20}{100} \times (300+100+x)$

$80x = 4400$

$x = 55$

30 ①

20리터가 연료탱크 용량의 $\dfrac{2}{3} - \dfrac{1}{3} = \dfrac{1}{3}$에 해당한다.

휘발유를 넣은 직후 연료는 40리터가 있으므로 300km 주행 후 남은 연료의 양은

$40L - \dfrac{300km}{12km/L} = 40L - 25L = 15L$이다.

31 ②

8명이 60시간을 일하는 경우 총 일의 양은 480이다.

480을 36으로 나누면 $13.333\cdots$이 되므로 총 14명이 필요하다.

따라서 추가로 필요한 인원은 6명이다.

32 ②

사과의 개수를 x라 하면

$180(10-x)+210x \le 2,000$

$x \le 6\dfrac{2}{3}$ 이므로 사과는 6개까지 살 수 있다.

33 ③

(파일을 내려 받는 데 걸린 시간) : (인터넷 사이트에 접속하는 데 걸린 시간) = 4 : 1

12분 30초는 750초이므로

(파일을 내려 받는 데 걸린 시간)

$=750\times\dfrac{4}{5}=600$ (초)

따라서 내려 받은 파일의 크기는

$1.5\times600=900$ (MB)

34 ①

엄마의 나이를 x, 아빠의 나이를 $x+4$, 기준이의 나이를 y라고 할 때,

$x+x+4=5y \cdots \bigcirc$

$x+4+10=2(y+10) \cdots \bigcirc$

$\bigcirc$, $\bigcirc$ 두 식을 정리하여 연립하면,

$x=38, y=16$이므로,

엄마는 38세, 아빠는 42세, 기준이는 16세이다.

35 ③

소금의 양을 x라고 하면,

$\dfrac{x}{300+300}\times100=4\%$이므로 $x=24(g)$이다. 따라서

처음 식염수의 농도는 $\dfrac{24}{300}\times100=8(\%)$이다.

36 ③

$$\text{층수}=\frac{\text{연면적}}{\text{건축면적}}=\frac{\text{연면적}\times100(\%)}{\text{건폐율}\times\text{대지면적}}$$

① A의 층수 : $\dfrac{1,200m^2\times100\%}{50\%\times400m^2}=6$층

② B의 층수 : $\dfrac{840m^2\times100\%}{70\%\times300m^2}=4$층

③ C의 층수 : $\dfrac{1,260m^2\times100\%}{60\%\times300m^2}=7$층

④ D의 층수 : $\dfrac{1,440m^2\times100\%}{60\%\times400m^2}=6$층

37 ③

① 석유를 많이 사용할 것이라는 사람보다 적게 사용할 것이라는 사람의 수가 더 많다.

② 석탄을 많이 사용할 것이라는 사람보다 적게 사용할 것이라는 사람의 수가 더 많다.

④ 원자력을 많이 사용할 것이라는 사람이 많고 석유, 석탄은 적게 사용할 것이라는 사람이 많다.

38 ③

① 완치된 전체 남성 환자 수는 41명, 완치된 전체 여성 환자 수는 43명이다.

② 네 가지 약물 중 완치된 환자 수가 많은 약물부터 나열하면 을(26명), 정(23명), 갑(21명), 병(14명)이다.

④ 전체 환자 수 대비 약물 정을 투여 받고 완치된 환자 수의 비율은 $\dfrac{23}{120}\times100\fallingdotseq19.17\%$이다.

39 ②

① $\dfrac{182,231}{11,483}=15.87$명

② $\dfrac{739,619}{41,962}=17.63$명

③ $\dfrac{458,220}{27,210}=16.84$명

④ $\dfrac{460,580}{31,847}=14.46$명

40 ③

2021년도에는 김○○강사의 수강생 수가 한국사 수강생 수의 50%를 넘지 못하며, 2022년도의 김○○강사의 수강생 수가 한국사 수강생 수의 60% 이상이다.

추리능력				
01	02	03	04	05
③	①	②	④	④
06	07	08	09	10
②	③	④	①	②
11	12	13	14	15
④	②	③	②	③
16	17	18	19	20
②	①	④	①	④
21	22	23	24	25
②	④	②	①	③
26	27	28	29	30
③	①	①	②	③
31	32	33	34	35
②	②	④	②	④
36	37	38	39	40
③	③	①	②	①

01 ③

$\dfrac{A}{B}$

A는 ×2, B는 ×3이 되는 규칙을 가지고 있다.
따라서 ?에 들어갈 수는 54이다.

02 ①

$$\dfrac{A}{B}\quad \dfrac{C}{D}\cdots$$

$\dfrac{C}{D}=\dfrac{A+B}{A\times B}$

03 ②

$$\dfrac{A}{B}\quad \dfrac{C}{D}\cdots$$

$\dfrac{C}{D}=\dfrac{A\times 2}{B+11}$

04 ④

$$\dfrac{A}{B}\quad \dfrac{C}{D}\cdots$$

$\dfrac{C}{D}=\dfrac{A+B}{A-B}$

05 ④

$$\dfrac{A}{B}\quad \dfrac{C}{D}\cdots$$

$\therefore \dfrac{C}{D}=\dfrac{B\times 4}{A\div 2}$

06 ②

$$\frac{A}{B} \quad \frac{C}{D} \cdots$$

$$\therefore \frac{C}{D} = \frac{B+11}{A+1}$$

07 ③

$$\frac{A}{B} \quad \frac{C}{D} \cdots$$

$$\therefore \frac{C}{D} = \frac{A \times B}{A + B}$$

08 ④

$$\frac{A}{B} \quad \frac{C}{D} \cdots$$

$$\therefore \frac{C}{D} = \frac{B}{B + A}$$

09 ①

$$\frac{A}{B} \quad \frac{C}{D} \cdots$$

$$\therefore \frac{C}{D} = \frac{B + A}{A}$$

10 ②

$$\frac{A}{B} \quad \frac{C}{D} \cdots$$

$$\therefore \frac{C}{D} = \frac{(A + B) + 1}{(A + B)}$$

11 ④

알파벳을 순서대로 숫자에 대입하면 다음 표와 같다.

A	B	C	D	E	F	G	H	I	J	K	L	M
1	2	3	4	5	6	7	8	9	10	11	12	13
N	O	P	Q	R	S	T	U	V	W	X	Y	Z
14	15	16	17	18	19	20	21	22	23	24	25	26

A(1) − A(1) − B(2) − C(3) − E(5) − H(8) − M(13)
앞의 두 항의 합이 다음 항이 되는 피보나치수열이
므로 빈칸에 들어갈 문자는 U(21)이다.

12 ②

A(1) − B(2) − D(4) − (?) − P(16)
공비가 2인 등비수열이므로 빈칸에 들어갈 문자는
H(8)이다.

13 ③

N(14) − L(12) − O(15) − K(11) − P(16) − J(10)
홀수 항은 1씩 증가, 짝수 항은 1씩 감소하는 수열
이므로 빈칸에 들어갈 문자는 Q(17)이다.

14 ②

한글 자음을 순서대로 숫자에 대입하면 다음 표와
같다.

ㄱ	ㄴ	ㄷ	ㄹ	ㅁ	ㅂ	ㅅ	ㅇ	ㅈ	ㅊ	ㅋ	ㅌ	ㅍ	ㅎ
1	2	3	4	5	6	7	8	9	10	11	12	13	14

앞의 문자에서 2씩 줄어들고 있다.
ㅋ(11) − ㅈ(9) − ㅅ(7) − ㅁ(5)

15 ③

ㄱ(1) − ㅎ(14) − ㅁ(5) − ㅊ(10) − ㅈ(9) − ㅂ(6)
홀수 항은 4씩 증가하고, 짝수 항은 4씩 감소한다.
따라서 빈칸에 들어갈 문자는 ㅍ(13)이다.

16 ②

첫 번째 수의 제곱−두 번째 수=세 번째 수가 되는 규칙을 가지고 있다. 따라서 빈칸은 $4^2-5=11$이다.

17 ①

첫 번째 수÷두 번째 수를 한 값의 소수점 둘째 자리 수가 세 번째 수가 된다. 따라서 빈칸은 $5÷11=0.454545..$ 이므로 5이다.

18 ④

주어진 수열은 세 개씩 나누어 봤을 때 세 개의 수를 곱하면 360이 되는 규칙을 가지고 있다.

19 ①

주어진 식을 @의 규칙은 @ 앞의 수에 뒤의 수를 나눈 값의 소수점 첫째 자리가 답이 되는 것이다. 따라서 마지막 식을 풀면 (19@21)@15=(19÷21=0.904...=9), 9@15=6이다.

20 ④

주어진 식은 &의 앞과 뒤의 수를 곱한 후 48에서 뺀 값이다. 따라서 마지막 식을 풀면 $48-3×9=21$이다.

21 ②

2 차이가 나는 두 문자가 번갈아 쓰였다. ②는 acac 이어야 나머지와 동일한 규칙이 된다.

22 ④

+3, −2, +1의 관계로 변화한다. ④는 ㄱㄹㄴㄷ 이어야 나머지와 동일한 규칙이 된다.

23 ②

한글 자모, 알파벳 또는 숫자가 거꾸로 변하고 있다. 따라서 ②는 '이으유우'가 되어야 ①③④와 동일해진다.

24 ①

무지개의 색깔인 '빨주노초파남보'를 이용한 문제로 이웃하고 있는 색깔이 순서대로 나열되어 있다. ①은 '빨주노초'가 되어야 ②③④와 동일해진다.

25 ③

자음 순서대로 숫자에 대입하면 ①②④는 2씩 차이 나고, ③은 1씩 차이난다.

26 ③

C	M	N
O	M	H
U	L	E

알파벳을 숫자로 치환하여 문제를 푼다.

27 ①

큰 삼각형은 시계 반대 방향으로 움직이고 있으며 정점의 색이 검은색과 흰색으로 반복되고 있다.

28 ①

도형 자체가 아닌 도형을 구성하는 요소에 관한 규칙성을 찾는 문제인데 도형을 이루고 있는 선의 수가 2개, 3개 …로 늘어나고 있다. 전 단계에서 선 3개로 삼각형이 이루어졌으므로 선이 4개 사용된 사각형의 그림이 와야 한다.

29 ②

주어진 도형은 시계 반대 방향으로 회전하면서 내부 사각형에 선이 왼쪽 방향에서 하나씩 추가되는 규칙을 가지고 있다.

30 ③

1열에서 원에 내접한 도형의 변의 개수에서 2열의 원에 있는 선분의 수를 뺀 것이 3열에 선분의 수가 된다.

31 ②

먼저, 회사에 가장 일찍 출근하는 사람은 부지런한 사람이고 부지런한 사람은 특별 보너스를 받을 것이다. 그리고 여행을 갈 수 있는 사람은 특별 보너스를 받은 사람이다.

그런데 여행을 갈 수 있는 사람이 명진이와 소희 두 명이므로, 회사에 가장 일찍 출근하는 것 말고 특별 보너스를 받을 수 있는 방법이 또 있다는 것을 알 수 있다.

32 ②

오늘은 운동장이 조용하지 않다고 했으므로 오늘은 복도가 더럽지 않으며, 비가 오는 날이 아니다.

33 ④

④ 석우 누나의 나이는 알 수 없다.
주어진 정보에 따라 나이 순으로 나열하면 유나→선호→석우(27세)→강준(25세)이다.

34 ②

② 은혜, 지영, 세현이는 각각 사과, 포도, 오렌지를 좋아하고, 지영이가 오렌지를, 세현이가 사과를 좋아하므로 은혜는 포도를 좋아함을 알 수 있다.

35 ④

④ 장미를 좋아하는 사람은 감성적이고 감성적인 사람은 노란색을 좋아하므로 장미를 좋아하는 사람은 노란색을 좋아한다.

36 ③

③ 나는 주희에게서 옷을 구입하고 주희는 한복을 판매하므로 내가 산 옷은 한복이다.

37 ③

전제 1 : p → q
전제 2 : ~r → p
결론 : s → r (대우 : ~r → ~s)
p → ~s 또는 q → ~s가 보충되어야 한다.
그러므로 '기린을 좋아하는 사람은 코끼리를 좋아하지 않는다.' 또는 '얼룩말을 좋아하는 사람은 코끼리를 좋아하지 않는다.'와 이 둘의 대우가 빈칸에 들어갈 수 있다.

38 ①

결론이 참이 되기 위해서는 '안타를 많이 친 타자는 팀에 공헌도가 높다.' 또는 이의 대우인 '팀에 공헌도가 높지 않은 선수는 안타를 많이 치지 못한 타자이다.'가 답이 된다.

39 ②

갑이 B와 C 지역을 가지 않았고 정이 D지역을 갔다고 하였으므로 갑은 A 지역으로 갔다는 것을 알 수 있다. 병은 A와 B지역을 가지 않았으며 정이 D 지역을 갔다고 하였으므로 병은 C 지역으로 갔다는 것을 알 수 있다. 따라서, 을은 B지역으로 출장을 갔다는 것을 알 수 있다.

40 ①

신혜의 예측이 거짓이라면 태호의 예측도 거짓이 되므로 신혜와 태호의 예측은 참이고, 신혜의 예측이 틀렸다고 말한 수란의 예측만 거짓이 된다. 수란의 예측을 제외한 다른 사람들의 예측을 표로 나타내면 다음과 같다.

	기중	태호	신혜	수란	찬호
참/거짓	참	참	참	거짓	참
담임	X	2반	4반	1반	3반

01	02	03	04	05
②	①	①	②	②
06	07	08	09	10
②	①	②	①	②
11	12	13	14	15
②	①	①	①	②
16	17	18	19	20
①	②	②	②	①
21	22	23	24	25
④	②	③	①	④
26	27	28	29	30
③	③	①	②	④
31	32	33	34	35
③	③	④	④	①
36	37	38	39	40
①	②	③	②	①

01 ②

슬픔은자랑이될수있다 – 슬픈은자랑이돌수있다

02 ①

좌우가 같다.

03 ①

좌우가 같다.

04 ②

애완견공원의야간이용시간을문의하려고
– 애완견공원의야간이용시간을먼의하려고

05 ②

개인의창의성을극대화할수있는놀이문화
  – 개인의창의성을극대화할수있<u>논놀</u>이문화

06 ②

8088880008080088808
  – 80888<u>0</u>0008080088808

07 ①

  좌우가 같다

08 ②

ㅁㅈㄹㄹㅁㅇㅍㅇㅊㄱㄹㅎㅁㄱㅈ
 – ㅁㅈㄹㄹㅁㅇㅍㅇㅊㄱㄹㅎ<u>ㅁㄴ</u>ㅈ

09 ①

  좌우가 같다.

10 ②

AJXNOVBCJOVNIWLKDZMCN
  – AJXNOVBCJOVNIWLK<u>O</u>ZMCN

11 ②

나랏말쌈이<u>중</u>국에다라<u>샤</u> – 나랏말쌈이<u>증</u>국에다라<u>셔</u>

12 ①

  좌우가 같다.

13 ①

  좌우가 같다.

14 ①

  좌우가 같다.

15 ②

지각정확성상황<u>판단력창</u>의력
 – 지각정확성상황<u>창의력판단</u>력

16 ①

  좌우가 같다.

17 ②

C38AFE<u>M</u>AM54@A<u>S</u> – C38AFE<u>N</u>AM54@A<u>5</u>

18 ②

No house w<u>i</u>thout a mouse.
  – No house w<u>i</u>thout a mouse.

19 ②

げじずにぽほぶを - げじずにぽほぶを

20 ①

좌우가 같다.

21 ④

1층 : 11개
2층 : 5개
3층 : 1개

22 ②

1층 : 6개
2층 : 3개
3층 : 2개

23 ③

1층 : 9개
2층 : 3개
3층 : 1개

24 ①

1층 : 7개
2층 : 5개
3층 : 1개

25 ④

1층 : 12개
2층 : 8개
3층 : 4개
4층 : 1개

26 ③

$3 \times 3 \times 3$ 정육면체(블록 27개)를 만들 수 있다. 주어진 블록은 10개이므로 17개의 블록이 더 필요하다.

27 ③

뒤쪽에 튀어나온 한 개의 블록 때문에 $3 \times 3 \times 3$이 아닌 $4 \times 4 \times 4$ 정육면체(블록 64개)를 만들 수 있다. 주어진 블록은 12개이므로 52개의 블록이 더 필요하다.

28 ①

$3 \times 3 \times 3$ 정육면체(블록 27개)를 만들 수 있다. 주어진 블록은 10개이므로 17개의 블록이 더 필요하다.

29 ②

$4 \times 4 \times 4$ 정육면체(블록 64개)를 만들 수 있다. 주어진 블록은 48개이므로 16개의 블록이 더 필요하다.

30 ④

3×3×3 정육면체(블록 27개)를 만들 수 있다. 주어진 블록은 14개이므로 13개의 블록이 더 필요하다.

31 ③

위쪽 두 층의 블록은 1면만 밖으로 노출된 블록이 없고, 가장 밑에 층의 블록들의 노출면의 수는 다음과 같다.

2	1	4
3	1	
		4

32 ③

위쪽 두 층의 블록은 1면만 밖으로 노출된 블록이 없고, 아래 두층의 블록들의 노출면의 수는 다음과 같다.

2	1	1	4
1	0	3	
2	3		

2	1	4
1	3	
4		

33 ④

위쪽 두 층의 블록은 1면만 밖으로 노출된 블록이 없고, 가장 밑에 층의 블록들의 노출면의 수는 다음과 같다.

2	1	3
2	1	1
2	2	3

34 ④

위쪽 두 층의 블록은 1면만 밖으로 노출된 블록이 없고, 가장 밑에 층의 뒤쪽 가운데 블록 세 개와 가운데 블록 1개가 1면이 밖으로 노출되어 있다.

4	1	1	1	4
	2	1	3	
4	2	2		
		3	4	

35 ①

1면만 밖으로 노출되어 있는 블록이 없다.

36 ①

37 ②

그림의 중심에 있는 큰 테이블과 각 사물들의 잘려진 단면을 고려하여 연결한다.

38 ③

그림의 중심에 있는 큰 테이블과 각 사물들의 잘려진 단면을 고려하여 연결한다.

39 ②

물결의 무늬와 전체적으로 동그란 모양인 것을 고려하여 연결한다.

40 ①

무지개와 자동차를 중심으로 그림을 연결한다.

02 실전 모의고사 2회

수리능력

01	02	03	04	05
②	①	③	③	④
06	07	08	09	10
④	②	②	①	①
11	12	13	14	15
②	②	④	③	④
16	17	18	19	20
③	③	②	②	①
21	22	23	24	25
②	①	③	①	②
26	27	28	29	30
②	③	①	①	②
31	32	33	34	35
④	④	②	④	④
36	37	38	39	40
④	②	②	②	③

01 ②

$$521 - 107 - 227 = 187$$

02 ①

$$2^5 + 2^2 + 2^{-1}$$
$$= 32 + 4 + 0.5 = 36.5$$

03 ③

$$4 + 4^3 \times 4$$
$$= 4 + 64 \times 4$$
$$= 260$$

04 ③

$$13,600 \times \frac{60}{100} = 8,160$$

05 ④

$$(2+3) + \left(\frac{3}{5} + \frac{4}{5}\right)$$
$$= 5 + \frac{7}{5}$$
$$= 5 + 1\frac{2}{5}$$
$$= 6\frac{2}{5}$$

06 ④

$$\frac{1}{3} \times \frac{5}{2} \times 4$$
$$= \frac{5}{6} \times 4$$
$$= 3\frac{1}{3}$$

07 ②

$$2 + 5 + 4 = 11$$

08 ②

$$\frac{19}{20} + 2.2$$
$$= \frac{19}{20} + \frac{22}{10}$$
$$= \frac{19}{20} + \frac{11}{5}$$
$$= \frac{63}{20}$$
$$= 3\frac{3}{20}$$
$$= 3.15$$

09 ①

$$30 \times 0.1 \times 0.001$$
$$= 0.003$$

10 ①

$120 \times 2 + 3 = 243$

11 ②

$68 \div (4) + 10 = 27$

12 ②

$4 - (-5) = 9$

13 ④

$32 \times 3 \div (5) = 19.2$

14 ③

$72 - (6) \times 5 = 42$

15 ④

$67 (\div) 2 - 19 = 14.5$

16 ③

1㎧는 3.6km/h이므로, 30㎧는 108km/h가 된다.

∴ A = B

17 ③

- A : 0.75
- B : $\frac{6}{8} = \frac{3}{4} = 0.75$

∴ A = B

18 ②

- A : $\frac{3}{7} = 0.42857$
- B : $\frac{5}{4} = 1.25$

∴ A < B

19 ②

1yd가 3ft이므로 6yd는 18ft, 30ft는 10yd가 된다.

∴ A < B

20 ①

- A : $\sqrt{64} = 8$
- B : $5 - \sqrt{16} = 1$

∴ A > B

21 ②

- A : 정육면체 모서리 = 12
- B : 28과 42의 최대공약수 = 14

∴ A < B

※ 정다면체의 면, 꼭짓점, 모서리의 개수

구분	정사 면체	정육 면체	정팔 면체	정십이면 체	정이십면 체
면	4	6	8	12	20
꼭짓점	4	8	6	20	12
모서리	6	12	12	30	30

22 ①

- A : $5 \times 5 \times 3 = 75$㎠
- B : $4 \times 4 \times 4 = 64$㎠

23 ③

- A : 정이십면체 꼭짓점의 수 = 12
- B : 정십이면체 면의 수 = 12

∴ A = B

※ 정다면체의 면, 꼭짓점, 모서리의 개수

구분	정사면체	정육면체	정팔면체	정십이면체	정이십면체
면	4	6	8	12	20
꼭짓점	4	8	6	20	12
모서리	6	12	12	30	30

24 ①

- A : $\sqrt{74} \fallingdotseq 8.6$
- B : $\dfrac{11}{37} \fallingdotseq 0.3$

∴ A > B

25 ②

1oz는 약 28.3g이다. 그러므로 80g은 약 2.8oz가 된다.

∴ A < B

26 ②

소금의 양을 구하는 공식은 소금물의 양×$\dfrac{\text{소금물의농도}}{100}$이다.

A컵 안에 소금의 양은 25% × 100 = 25g이 나오고 B컵 안에 소금의 양은 10% × 200g = 20g 이 나온다.

B컵 안에 $\dfrac{1}{4}$을 덜어내면 소금의 양은 5g과 소금물의 양은 50g이 나온다.

소금물의 양은 물의 양과 소금의 양을 합하면 나오게 되므로 소금의 양 5g과 소금물의 양 50g을 A컵과 섞어서 농도를 계산한다.

소금물 농도(%)=$\dfrac{\text{소금의 양}}{\text{소금물의 양}}\times100$으로 계산하면,

$\dfrac{25+5}{50+100}\times100 = 20(\%)$로 섞여진 소금물의 농도는 20%이다.

27 ③

거리 = 속력 × 시간이다.

$5(1-x) + 35x = 20$

$x = \dfrac{1}{2}$

∴ 30분이 소요된다.

28 ①

작년의 실외기 수리 건수를 x, 에어컨 설치 건수를 y라고 하면, $x + y = 238$이다.

또한 감소 비율이 각각 40%와 10%이므로 올 해의 수리 건수는 $0.6x$와 $0.9y$가 되며, 이것이 5 : 3의 비율이므로 $0.6x : 0.9y = 5 : 3$이 되어 $1.8x=4.5y$가 된다.($x=2.5y$)

따라서 두 연립방정식을 계산하면, $3.5y = 238$이 되어 $y = 68$, $x = 170$건임을 알 수 있다. 그러므로 올 해의 실외기 수리 건수는 170 × 0.6 = 102건이 된다.

29 ①

다음과 같은 벤다이어그램을 그려 보면 쉽게 문제를 해결할 수 있다. 헬스 동아리에만 가입한 사람은 27명, 독서 동아리에만 가입한 사람은 20명, 두 동아리 모두 가입한 사람은 8명임을 확인할 수 있다.

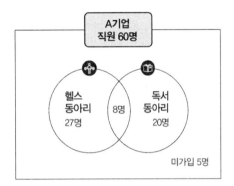

30 ②

박스 안에 총 들어있는 과일은 100개이고 귤은 5개 들어있다. 나머지 95개의 과일을 조건에 따라 계산하면 된다.

첫 번째 조건에 따르면 귤의 개수 × 3 = 참외의 개수가 나온다. 참외는 15개 들어있는 것을 알 수 있다. 또한 참외의 개수에서 ÷ 3을 하면 배의 개수가 나오므로 배는 45개가 나온다.

두 번째 조건에서 배의 개수인 45에서 10을 빼면 사과의 개수가 나온다.

∴ 사과는 35개, 귤은 5개, 배는 45개, 참외는 15개 들어있다.

31 ④

작업량을 1로 설정하고, 각자의 시간당 작업량은 경민는 x, 유정은 y로 한다.

함께 업무를 하면 작업량 = 시간당 작업량 × 시간으로 $4(x+y) = 1$이다.

유정의 시간당 작업량은 $\frac{작업량}{시간}$으로 $y = \frac{1}{8}$이 된다.

$4(x+y) = 1$에 $y = \frac{1}{8}$를 대입하여 계산하면 $x = \frac{1}{8}$으로, 경민이 혼자서 자료조사를 한다면 8시간이 걸린다.

32 ④

첫 번째 주사위가 빨간색일 확률 $\frac{2}{4}$

두 번째 주사위가 빨간색일 확률 $\frac{1}{3}$

두 주사위의 합 총 36가지 중 눈의 합이 10이상일 확률 $\frac{6}{36}$

$\frac{2}{4} \times \frac{1}{3} \times \frac{6}{36} = \frac{1}{36}$로

∴ $\frac{1}{36}$

33 ②

일률을 계산하는 문제이다. 2개의 생산라인을 풀가동하여 3일 간 525개의 레일을 생산하므로 하루에 2개 생산라인에서 생산되는 레일의 개수는 525 ÷ 3 = 175개가 된다. 이때, A라인만을 풀가동하여 생산할 수 있는 레일의 개수가 90개이므로 B라인의 하루 생산 개수는 175 − 90 = 85개가 된다.

따라서 구해진 일률을 통해 A라인 5일, B라인 2일, A+B라인 2일의 생산 결과를 계산하면, 생산한 총 레일의 개수는 (90 × 5) + (85 × 2) + (175 × 2) = 450 + 170 + 350 = 970개가 된다.

34 ④

조합의 공식은 $_nC_r = \frac{_nP_r}{r!} = \frac{n!}{r!(n-r)!}$ 이므로, $\frac{6!}{3!(6-3)!}$이 된다.

$\frac{6\times5\times4\times3\times2\times1}{(3\times2)(3\times2\times1)} = 20$

따라서 20가지 조합이 가능하다.

35 ④

공원의 둘레는 $40 \times 4 = 160$으로, 5m 간격으로 벚꽃나무를 심는다고 할 때 32그루의 벚꽃나무가 필요하다.

36 ④

A기관 : $53 \div 28 = $ 약 1.9대, B기관 : $127 \div 53 = $ 약 2.4대, C기관 : $135 \div 50 = 2.7$대이므로 C도시철도운영기관이 가장 많다.

① $(53 + 127 + 135) \div 3 = 105$이므로 100개보다 많다.

② A기관 : $895 \div 240 = $ 약 3.7대, B기관 : $1,329 \div 349 = $ 약 3.8대, C기관 : $855 \div 237 = $ 약 3.6대이다.

③ $265 \div 95 = $ 약 2.8대, $455 \div 92 = $ 약 4.9대, $135 \div 50 = 2.7$대이므로 에스컬레이터가 가장 많다.

37 ②

각 계급에 속하는 정확한 변량을 알 수 없는 경우에는 중간값인 계급값을 사용하여 평균을 구할 수 있다. 따라서 빈칸의 인원수를 x로 두고 다음과 같이 계산한다.

$\{(10 \times 10) + (30 \times 20) + (50 \times 30) + (70 \times x) + (90 \times 25) + (110 \times 20)\} \div (10 + 20 + 30 + x + 25 + 20) = 65$

이를 정리하면 $(6,650 + 70x) \div (105 + x) = 65$가 된다.

$6,650 + 70x = 6,825 + 65x \rightarrow 5x = 175$가 되어 $x = 35$명이 된다.

38 ②

이웃을 신뢰하는 사람의 비중은 20대(36.5%)가 10대(38.5%)보다 낮으며, 20대 이후에는 연령이 높아질수록 신뢰도가 비례하여 높아졌다. 이러한 추이는 연령별 평점의 증감 추이와도 일치하고 있음을 알 수 있다.

39 ②

백분율 $=$ 일부 값 $\div$ 전체 값 $\times 100$

㉠ $= 25(\%)$, ㉡ $= 40(\%)$, ㉢ $= 35(\%)$, ㉣ $= 25(\%)$

$\therefore$ $125(\%)$

40 ③

B가구의 전월세전환율은 주어진 공식에 의해 $(60 \times 12) \div (42,000 - 30,000) \times 100 = 6\%$이다. A가구의 전월세전환율이 B가구 대비 25% 높으므로 $6 \times 1.25 = 7.5\%$가 된다. 따라서 A가구의 전세금을 x라 하면 $(50 \times 12) \div (x - 25,000) \times 100 = 7.5$이므로 이를 풀면 x는 33,000만 원이 된다.

01	02	03	04	05
①	④	③	④	④
06	07	08	09	10
②	③	③	①	②
11	12	13	14	15
④	①	③	②	③
16	17	18	19	20
①	④	④	②	①
21	22	23	24	25
③	①	③	④	②
26	27	28	29	30
②	③	②	②	①
31	32	33	34	35
③	①	②	②	③
36	37	38	39	40
①	③	①	①	③

01 ①

$$\frac{A}{B}$$

A는 × 2 − 1, B는 × 3가 되는 규칙을 가지고 있다. 따라서 ?에 들어갈 수는 33이다.

02 ④

$$\frac{A}{B} \quad \frac{C}{D} \cdots$$

$$\frac{C}{D} = \cdot \frac{A \times B}{A + B}$$

03 ③

$$\frac{A}{B} \quad \frac{C}{D} \cdots$$

$$\frac{C}{D} = \frac{A - B + A}{2B}$$

04 ④

$$\frac{A}{B} \quad \frac{C}{D} \cdots$$

$$\frac{C}{D} = \frac{A + 2B}{B + 2A}$$

05 ④

$$\frac{A}{B} \quad \frac{C}{D} \cdots$$

$$\frac{C}{D} = \frac{A^2}{B^2}$$

06 ②

$$\frac{A}{B} \quad \frac{C}{D} \cdots$$

$$\frac{C}{D} = \frac{2(A + B)}{2(A - B)}$$

07 ③

$$\frac{A}{B} \quad \frac{C}{D} \cdots$$

$$\frac{C}{D} = \frac{1 + A}{B \div A}$$

08 ③

$$\frac{A}{B} \quad \frac{C}{D} \cdots$$

$$\frac{C}{D} = \frac{A^2}{2B}$$

09 ①

$$\frac{A}{B} \quad \frac{C}{D} \quad \cdots$$

$$\frac{C}{D} = \frac{B-A}{n^2+1}$$

10 ②

$$\frac{A}{B} \quad \frac{C}{D} \quad \cdots$$

$$\frac{C}{D} = \frac{3n+1}{2n+1}$$

11 ④

ㄱ	ㄴ	ㄷ	ㄹ	ㅁ	ㅂ	ㅅ	ㅇ	ㅈ	ㅊ	ㅋ	ㅌ	ㅍ	ㅎ
1	2	3	4	5	6	7	8	9	10	11	12	13	14

앞의 두 항의 합이 다음 항이 되는 피보나치수열이므로 빈칸에 들어갈 문자는 ㅇ(8)이다.

12 ①

공비가 3인 등비수열이므로 빈칸에 들어갈 문자는 O(15)이다.

A	B	C	D	E	F	G	H	I	J	K	L	M
1	2	3	4	5	6	7	8	9	10	11	12	13
N	O	P	Q	R	S	T	U	V	W	X	Y	Z
14	15	16	17	18	19	20	21	22	23	24	25	26

13 ③

홀수 항은 2n씩 증가, 짝수 항은 n의 제곱씩 증가하는 수열이므로 빈칸에 들어갈 문자는 H(8)이다.

14 ②

홀수 항은 2n씩 증가, 짝수 항은 2n − 1씩 증가하고 있으므로 빈칸에 들어갈 문자는 ㅅ(7)이다.

ㄱ	ㄴ	ㄷ	ㄹ	ㅁ	ㅂ	ㅅ	ㅇ	ㅈ	ㅊ	ㅋ	ㅌ	ㅍ	ㅎ
1	2	3	4	5	6	7	8	9	10	11	12	13	14

15 ③

홀수 항은 2의 배수씩 증가, 짝수 항은 3의 배수씩 증가하고 있으므로 빈칸에 들어갈 문자는 ㅌ(12)이다.

ㄱ	ㄴ	ㄷ	ㄹ	ㅁ	ㅂ	ㅅ	ㅇ	ㅈ	ㅊ	ㅋ	ㅌ	ㅍ	ㅎ
1	2	3	4	5	6	7	8	9	10	11	12	13	14

16 ①

첫 번째 수 × 세 번째 수 + 2 = 두 번째 수가 되는 규칙을 가지고 있다. 따라서 빈칸은 5 × 2 + 2 = 12이다.

17 ④

첫 번째 수 × 세 번째 수 + 첫 번째 수 + 세 번째 수 = 두 번째 수가 되는 규칙을 가지고 있다. 따라서 빈칸은 2 × 7 + 2 + 7 = 23이다.

18 ④

첫 번째 수 ÷ 세 번째 수 값의 소수점 첫째 자리가 두 번째 수가 되는 규칙을 가지고 있다. 따라서 빈칸은 5 ÷ 2 = 2.5 이므로 소수점 첫째자리인 5이다.

19 ②

주어진 ▷의 규칙은 앞의 수에 뒤의 수를 나눈 값의 소수점 첫째 자리가 답이 되는 것이다. 따라서 마지막 식을 풀면 $62 \div 9 = 6.88\cdots$이기 때문에 정답은 8이다.

20 ①

주어진 ★의 규칙은 앞의 수에 2를 곱한 후 뒤의 수를 뺀 값이 답이 되는 것이다. 따라서 마지막 식을 풀면 $(3 \times 2 - 5) \times 2 - 2 = 0$이다.

21 ③

2 차이가 나는 두 문자가 번갈아 쓰였다. ③은 '차파차파'이어야 나머지와 동일한 규칙이 된다.

22 ①

−1, −2, −3의 관계로 변화한다. ①은 'POMJ'이어야 나머지와 동일한 규칙이 된다.

23 ③

문자들이 거꾸로 변하고 있다. 따라서 ④는 'ㅠㅜㅛ ㅗ'가 되어야 나머지와 동일한 규칙이 된다.

24 ④

무지개의 색깔인 '빨주노초파남보'를 이용한 문제로, 이웃하고 있는 색깔이 순서대로 나열되고 있다. ④는 '빨주노초'가 되어야 나머지와 동일한 규칙이 된다.

25 ②

자음 순서대로 숫자에 대입하면 ①③④는 2씩 차이나고, ②는 1씩 차이난다.

26 ②

V	I	P
Q	S	U
L	C	Z

알파벳을 숫자로 치환하여 문제를 푼다.
첫 번째 열은 역순으로 가는 규칙이 있고, 두 번째 열은 +2, 세 번째 열은 +1씩 더하는 규칙이 있다.

A	B	C	D	E	F	G	H	I	J	K	L	M
1	2	3	4	5	6	7	8	9	10	11	12	13
N	O	P	Q	R	S	T	U	V	W	X	Y	Z
14	15	16	17	18	19	20	21	22	23	24	25	26

27 ③

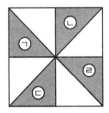

ⓒ과 ⓔ은 고정되어 있으며, ⓖ과 ⓑ이 한 칸씩 움직이는 규칙을 가지고 있다.

28 ②

중앙에 빗금 친 좌우를 번갈아 반복되고 있으며 삼각형, 사각형, 오각형으로 변하면서 원의 안쪽과 바깥쪽에 번갈아 나타나고 있다.

29 ②

② 각 행마다 반시계 방향으로 45°씩 회전하고 있으며 끝 부분의 도형은 모두 모양이 다르다.

30 ①

주사위의 마주보는 면의 합은 7이고 오른쪽으로 구르고 있다.

31 ③

제시된 도형의 경우 뒤에 세 개의 도형을 보고 규칙성을 찾아야 한다. 세 개의 도형을 관찰해 본 결과 화살표 모양은 135° 나아갔다가 45° 되돌아오고 있다.

32 ①

주어진 도형은 반시계 방향으로 90°씩 회전하고 있다.

33 ②

시계 방향으로 서로 접하지 않게 색깔이 칠해지고 있다.

34 ②

1번씩 이동할 때마다 한번은 오른쪽 방향으로, 한번은 아래 방향으로 개수가 하나씩 늘면서 ◇ 도형이 이동하고 있다.

35 ③

첫 번째와 두 번째의 도형이 겹쳐진 것이 세 번째 도형이다.

36 ①

돌고래는 무리지어 움직이는 동물이며 무리지어 움직이는 모든 동물은 공동 육아를 한다고 했으므로 ①은 항상 참이다.

37 ③

①② 군주가 오직 한 사람만을 신임하거나, 사람을 신임하지 않으면 나라를 망친다.
④ 명제가 참일지라도 이는 참이 아닐 수도 있다. 즉 군주가 오직 한 사람만을 신임하지 않았다는 것은 여러 사람을 신임한 것일 수 있으며 이때에는 나라를 망치지 않으나, 한 사람만을 신임하지 않았다는 것이 그 누구도 신임하지 않은 것일 때에는 나라를 망치게 된다.

38 ①

① '햇빛이 비추면 빨래가 마를 것이다'라고 전제되어 있으므로 지금 햇빛이 비추고 있지 않다.

39 ①

결론이 긍정이므로 전제 2개가 모두 긍정이어야 한다. 따라서 ①이 적절하다.

40 ③

리그전은 적어도 상대 모두 한 번 이상 시합하여 그 성적에 따라 우승을 결정하는 것이고, 토너먼트는 1 : 1로 시합했을 때 이기는 사람만 진출하는 방법이다. A가 D에 이길 경우 2승 1무로 다른 팀의 경기결과에 상관없이 토너먼트에 진출한다.

01	02	03	04	05
②	②	①	②	①
06	07	08	09	10
②	②	②	①	②
11	12	13	14	15
①	②	①	②	②
16	17	18	19	20
①	②	②	①	①
21	22	23	24	25
④	③	③	①	④
26	27	28	29	30
①	④	②	②	③
31	32	33	34	35
②	①	①	③	②
36	37	38	39	40
③	④	④	②	④

01 ②
최고의제품과서비스를창출 – 최고의체품과서비스를창출

02 ②
54137865204691206 – 54137975204691206

03 ①
좌우가 같다.

04 ②
전기차를더편리하게사용할수있는환경 – 전기차를더편리하게사용할수있는환경

05 ①
좌우가 같다.

06 ②
383338833833833888 – 383338833333333888

07 ②
The suitcase wouldn't take another thing – The suitcase wouldn't take anether thiug

08 ②
ㅊㅍㅇㅈㅎㅃㅇㅌㄷㅂㅅㄹㄴㅁㅌ – ㅊㅍㅇㅈㅎㅃㅇㅌㄷㅍㅅㄹㄷㅁㅌ

09 ①
좌우가 같다.

10 ②
COWIAMXQWKDNLINWDWXP – COWIAMXQMJDNLINWDWXP

11 ①
좌우가 같다.

12 ②
경찰청창살쇠창살 – 경찰청장살쇠창살

13 ①

좌우가 같다.

14 ②

ⅢJ推M★각①PW□✖減 − ⅡJ推M★각①PW□✖減

15 ②

끊임없는열정으로미래에도전 − 끊임<u>엾</u>는열정으로미래에도전

16 ①

좌우가 같다.

17 ②

E53<u>C</u>WKUBT48%UQ − E53<u>O</u>WK<u>Y</u>BT48%UQ

18 ②

Which is an example of other − Which is an exa<u>n</u>ple of othe<u>z</u>

19 ①

좌우가 같다.

20 ①

좌우가 같다.

21 ④

1층 : 9개
2층 : 6개
3층 : 2개

22 ③

1층 : 10개
2층 : 6개
3층 : 4개
4층 : 2개

23 ③

1층 : 8개
2층 : 4개
3층 : 2개

24 ①

1층 : 13개
2층 : 7개
3층 : 3개
4층 : 1개

25 ④

1층 : 13개

2층 : 10개

3층 : 6개

4층 : 2개

26 ①

$3 \times 3 \times 3$ 정육면체(블록 27개)를 만들 수 있다. 주어진 블록은 9개이므로 18개의 블록이 더 필요하다.

27 ④

$4 \times 4 \times 4$ 정육면체(블록 64개)를 만들 수 있다. 주어진 블록은 17개이므로 47개의 블록이 더 필요하다.

28 ②

$3 \times 3 \times 3$ 정육면체(블록 27개)를 만들 수 있다. 주어진 블록은 10개이므로 17개의 블록이 더 필요하다.

29 ②

$4 \times 4 \times 4$ 정육면체(블록 64개)를 만들 수 있다. 주어진 블록은 24개이므로 40개의 블록이 더 필요하다.

30 ③

$3 \times 3 \times 3$ 정육면체(블록 27개)를 만들 수 있다. 주어진 블록은 9개이므로 18개의 블록이 더 필요하다.

31 ②

위쪽 두 층의 블록은 1면만 밖으로 노출된 블록이 없고, 가장 밑의 층의 블록들의 노출면의 수는 다음과 같다

	2	3
2	1	
2	2	

32 ①

맨 위쪽 층의 블록은 1면만 밖으로 노출된 블록이 없고, 아래 두 층의 블록들의 노출면의 수는 다음과 같다.

2	2	
1	2	
3		

2	1	3
1	2	
2		4
3		

33 ①

위쪽 두 층의 블록은 1면만 밖으로 노출된 블록이 없고, 가장 밑에 층에 블록들의 노출면의 수는 다음과 같다.

2	1	3
1	1	
2	1	3

34 ③

맨 위쪽 층의 블록은 1면만 밖으로 노출된 블록이 없고, 아래 두 층의 블록들의 노출면의 수는 다음과 같다.

3	1	3		
	3			

2	1	1	1	3
1	0	1	1	
2	1		3	
	3			

35 ②

위쪽 두 층의 블록은 1면만 밖으로 노출된 블록이 없고, 가장 밑에 층의 블록들의 노출면의 수는 다음과 같다.

3	1	3
	3	
4		4

36 ③

코스모스의 원근감을 이용하여 기준을 잡고 그림을 연결한다.

37 ④

고래를 중심으로 물고기의 방향을 고려하여 그림을 연결한다.

38 ④

자전거가 겹치는 부분과 전체적으로 동그란 모양인 것을 고려하여 그림을 연결한다.

39 ②

벤치와 자전거가 겹치는 부분과 남성이 누워있는 방향을 고려하여 그림을 연결한다.

40 ④

동산의 곡선을 고려하여 그림을 연결한다.

PART 분석

인성검사의 경우 정답이 없고, 지원자의 성향을 파악하기 위한 단계이므로 극단적인 선택으로 치우치지 않도록
주의하며 일관적인 대답을 하는 것이 좋다.

PART

V

인성검사

CHAPTER 01

인성검사의 개요

1 인성검사란?

인성은 지속적이고 일관된 공적 성격(Public-personality)이며, 환경에 대응함으로써 선천적·후천적 요소의 상호 작용으로 결정된 심리적·사회적 특성 및 경향을 의미한다. 여러 연구결과에 따라 직무에서의 성공과 관련된 특성들은 개인의 능력치보다 성격과 관련이 있다고 한다. 한정된 시간에 진행되는 면접시험의 특성상 간과하기 쉬운 지원자들의 인성을 파악하기 위해, 현재 많은 기업에서 인성검사를 필수로 시행하고 있다. 이어지는 인성검사 주의사항을 확인하고 대비해보자!

2 인성검사 주의사항

(1) 허구성 척도의 질문을 파악한다.

인성검사의 질문에는 허구성 척도를 측정하기 위한 질문이 숨어있다. 예를 들어, '나는 지금까지 거짓말을 한 적이 없다', '나는 한 번도 화를 낸 적이 없다', '나는 남을 헐뜯거나 비난한적이 한 번도 없다.' 등의 질문이 있다고 가정해보자. 누구나 태어나서 한 번은 거짓말을 한 경험이 있을 것이며, 화를 낸 경우도 있을 것이다. 자신을 좋은 인상으로 포장하는 것은 자연스러운 일이다. 다만 지나치게 좋은 인상을 염두에 두어 허구성을 측정하는 질문에 전부 '그렇다'고 대답하면 이는 지원자 신뢰성에 의심을 주게 된다. 따라서 절대적으로 옳거나 틀린 답은 없지만 자신을 지나치게 꾸며내는 것은 과장 반응으로 분류될 수 있음을 기억하자!

(2) 솔직하게 있는 그대로를 표현한다. 그렇지만…

앞서 말했듯이, 지나친 과장은 신뢰를 떨어뜨린다. 인성검사는 평범한 일상생활 내용들을 다룬 짧은 문장과 어떤 대상이나 일에 대한 선호를 선택하는 문장으로 구성되었으므로 평소에 자신이 생각한 바를 골똘히 생각하지 말고 문제를 보는 순간 떠오르는 것을 표현한다. 간혹 반복되는 문제들이 출제되기 때문에 일관성 있게 답하지 않으면 감점 사유가 된다. 그렇지만, 인성검사에서 기업이 기대하는 바는 분명 존재한다. 기업의 인재상을 기초로 하여 일관성과 신뢰성, 진실성이 있는 답변을 염두에 두어야 한다. 각각의 질문을 골똘히 생각할 필요는 없다. 대신 시험 전에 기업이 원하는 성향과 자신의 성향 및 사고방식에 대해 정리해보는 것이 필요하다. 너무 꾸며낸 답은 금물이다. 작위적인 답은 들키기 마련! 이미지 트레이닝을 하라는 것이지 거짓으로 답하라는 것은 절대 아니다. 이는 면접에서 확인하는 경우도 더러 있으니 주의, 또 주의하도록 하자!

(3) '대체로', '가끔' 등의 수식어를 확인한다.

'대체로', '종종', '가끔', '항상', '대개' 등의 수식어는 인성검사에서 자주 등장한다. 이런 수식어가 붙은 질문은 지원자들을 고민하게 만든다. 하지만 아직 답해야 할 질문들이 많이 있음을 기억해야 한다. 앞에서 '가끔', '때때로'라는 수식어가 붙은 질문이 나온다면 뒤에는 같은 내용이지만 '항상', '대체로'의 수식어가 붙어 질문이 이어지는 경우가 많다. 따라서 자주 사용되는 수식어를 적절하게 구분할 줄 알아야 한다.

(4) 모든 문제는 신속하게, 맑은 정신으로!

인성검사는 시간제한이 없는 것이 원칙이지만, 기업들은 일정한 시간제한을 두고 있다. 앞서 언급한 이미지 트레이닝으로 준비한다면 시간에 큰 제약을 못 느낄 것이다. 다만 뒤로가기나 다시 응시하기는 없으므로 신중하면서도 솔직하고 빠르게 응시해야 한다. 마지막으로 가장 기본사항이지만, 막 자다 일어난 모습으로 대충 응시하지 않도록 한다. 인성검사 역시 시험의 일부이며 불합격자 역시 존재하는 시험이다. 필기시험처럼 엄청난 고난도를 자랑하진 않지만 맑은 정신에서 어느 정도 긴장을 갖고 임하는 것이 필요하다.

3 　인성검사 Q&A

Q1 반드시 다 풀어야만 하는가?

A1 인성검사는 전부 풀이하는 것이 중요하다. 최소 95%가량은 체크해야 한다.

Q2 '기존 업무 매뉴얼에 따른다' vs '새로운 매뉴얼을 만든다'

A2 새로운 매뉴얼을 만든다는 것은 개선을 통한 도전의식을 볼 수 있다. 팔로우형과 리더형처럼 이 질문의 정답 역시 없으므로 기업의 인재상을 고려하여 답변하면 된다.

Q3 항목을 빠르게 파악할 수 있는 방법은?

A3 항목별 하위 단어를 이해하는 연습이 필요하다. 예를 들어 항목에 '민첩하다, 신속하다, 고친다 '가 포함되어 있다면 이는 결국 새로운 것에 도전하는 도전의식을 나타낸다.

Q4 인성검사에서 가장 중점으로 두어야 할 부분은?

A4 기업의 인재상이 가장 중요하다. 솔직하게 임해야 하지만, 인재상에 근거한 솔직함도 무시할 수 없다.

실전 인성검사

┃1~300┃ 다음 (   ) 안에 진술이 자신에게 적합하면 YES, 그렇지 않다면 NO를 선택하시오.

※ 인성검사는 응시자의 인성을 파악하기 위한 자료이므로 정답이 존재하지 않습니다.

	YES	NO
1. 기계에 관한 지식을 좋아한다.	( )	( )
2. 식탐이 있는 편이다.	( )	( )
3. 아침에 상쾌하게 일어나는 편이다.	( )	( )
4. 지금 내가 하는 일에 만족한다.	( )	( )
5. 밤귀가 예민한 편이다.	( )	( )
6. 나는 부모님을 존경한다.	( )	( )
7. 범죄분석에 관한 프로그램을 좋아한다.	( )	( )
8. 예상하지 못하는 하루하루가 즐겁게 느껴진다.	( )	( )
9. 가끔 목에 무언가 걸린 기분을 느낀다.	( )	( )
10. 때때로 이유 없는 불안함을 느낀다.	( )	( )
11. 종종 지나간 일들을 떠올리면 후회가 밀려온다.	( )	( )
12. 꿈을 꾸면 반드시 해몽을 확인한다.	( )	( )
13. 주변으로부터 까칠하다는 평을 듣는다.	( )	( )
14. 매 순간 긴장의 연속이다.	( )	( )
15. 누구에게 말하지 못할 정도로 나쁜 생각을 할 때가 있다.	( )	( )
16. 나 자신에게 연민을 느낀다.	( )	( )
17. 어떤 것도 나에게 새로움을 주지 못한다.	( )	( )
18. 때때로 느닷없이 구역질을 한다.	( )	( )
19. 아무도 모르는 곳으로 떠나고 싶단 생각을 종종 한다.	( )	( )
20. 히어로나 초능력을 가진 사람이 존재한다고 믿는다.	( )	( )
21. 곤경에 처했을 때 적극적으로 해결하려고 한다.	( )	( )
22. 나를 곤란하게 한 사람에게 반드시 되갚아준다.	( )	( )
23. 최근 소화불량으로 고생했다.	( )	( )

24. 때때로 욕설을 퍼붓고 싶은 충동에 사로잡힌다. ……………………………………………( )( )

25. 최근 잦은 악몽을 꾼다. ………………………………………………………………………( )( )

26. 한 가지 일에 몰두하는 것이 어렵다. …………………………………………………………( )( )

27. 단언컨대 나만 겪어봤을 특별하고 기이한 경험이 있다. ……………………………………( )( )

28. 건강염려가 심한 편이다. ………………………………………………………………………( )( )

29. 어렸을 때 물건을 훔친 적이 있다. ……………………………………………………………( )( )

30. 때때로 물건을 부수고 싶은 충동이 든다. ……………………………………………………( )( )

31. 생각한 일은 바로바로 해치워야 한다. …………………………………………………………( )( )

32. 계획대로 움직이지 않으면 몹시 불안하다. ……………………………………………………( )( )

33. 최근에 잠을 설치는 날이 많아졌다. …………………………………………………………( )( )

34. 만성 두통을 가지고 있다. ………………………………………………………………………( )( )

35. 정리되지 않은 책상을 보면 마음이 심란해진다. ………………………………………………( )( )

36. 종종 나도 모르게 거짓말을 한다. ……………………………………………………………( )( )

37. 사람들은 내게 친절하지 않다. …………………………………………………………………( )( )

38. 나는 내 판단을 믿는다. …………………………………………………………………………( )( )

39. 일주일에 한 번 이상 몸살증상을 겪는다. ……………………………………………………( )( )

40. 누군가를 만날 때마다 눈치를 보게 된다. ……………………………………………………( )( )

41. 인생의 목표는 큰 것이 좋다. …………………………………………………………………( )( )

42. 어떤 일이라도 바로 시작하는 타입이다. ……………………………………………………( )( )

43. 낯가림을 하는 편이다. …………………………………………………………………………( )( )

44. 생각하고 나서 행동하는 편이다. ………………………………………………………………( )( )

45. 쉬는 날은 밖으로 나가는 경우가 많다. ………………………………………………………( )( )

46. 시작한 일은 반드시 완성시킨다. ………………………………………………………………( )( )

47. 면밀한 계획을 세운 여행을 좋아한다. …………………………………………………………( )( )

48. 야망이 있는 편이라고 생각한다. ………………………………………………………………( )( )

49. 대체로 활동력이 있는 편이다. …………………………………………………………………( )( )

50. 많은 사람들과 와자지껄하게 식사하는 것을 좋아하지 않는다. ……………………………( )( )

51. 장기적인 계획을 세우는 것을 꺼려한다. ……………………………………………………( )( )

52. 자기 일이 아닌 이상 무심한 편이다. …………………………………………………………( )( )

53. 하나의 취미에 열중하는 타입이다. ···( )( )

54. 스스로 모임에서 회장에 어울린다고 생각한다. ································( )( )

55. 입신출세의 성공이야기를 좋아한다. ···( )( )

56. 어떠한 일도 의욕을 가지고 임하는 편이다. ····································( )( )

57. 학급에서는 존재가 희미했다. ···( )( )

58. 항상 무언가를 생각하고 있다. ···( )( )

59. 스포츠는 보는 것보다 하는 게 좋다. ··( )( )

60. 문제 상황을 바르게 인식하고 현실적이고 객관적으로 대처한다. ·····( )( )

61. 흐린 날은 반드시 우산을 가지고 간다. ··( )( )

62. 여러 명보다 1 : 1로 대화하는 것을 선호한다. ······························( )( )

63. 공격하는 타입이라고 생각한다. ···( )( )

64. 리드를 받는 편이다. ··( )( )

65. 너무 신중해서 기회를 놓친 적이 있다. ··( )( )

66. 시원시원하게 움직이는 타입이다. ··( )( )

67. 야근을 해서라도 업무를 끝낸다. ··( )( )

68. 누군가를 방문할 때는 반드시 사전에 확인한다. ·····························( )( )

70. 솔직하고 타인에 대해 개방적이다. ··( )( )

69. 아무리 노력해도 결과가 따르지 않는다면 의미가 없다. ··················( )( )

71. 유행에 둔감하다고 생각한다. ···( )( )

72. 정해진 대로 움직이는 것은 시시하다. ··( )( )

73. 꿈을 계속 가지고 있고 싶다. ···( )( )

74. 질서보다 자유를 중요시하는 편이다. ···( )( )

75. 혼자서 취미에 몰두하는 것을 좋아한다. ···( )( )

76. 직관적으로 판단하는 편이다. ···( )( )

77. 영화나 드라마를 보며 등장인물의 감정에 이입된다. ·······················( )( )

78. 시대의 흐름에 역행해서라도 자신을 관철하고 싶다. ·······················( )( )

79. 다른 사람의 소문에 관심이 없다. ··( )( )

80. 창조적인 편이다. ···( )( )

81. 비교적 눈물이 많은 편이다. ···( )( )

82. 융통성이 있다고 생각한다. ···( )( )

83. 친구의 휴대전화 번호를 잘 모른다. ···( )( )

84. 스스로 고안하는 것을 좋아한다. ···( )( )

85. 정이 두터운 사람으로 남고 싶다. ···( )( )

86. 조직의 일원으로 별로 안 어울린다. ···( )( )

87. 대체로 세상의 일에 별로 관심이 없다. ···( )( )

88. 변화를 추구하는 편이다. ···( )( )

89. 업무는 인간관계로 선택한다. ···( )( )

90. 환경이 변하는 것에 구애되지 않는다. ···( )( )

91. 불안감이 강한 편이다. ···( )( )

92. 인생은 살 가치가 없다고 생각한다. ···( )( )

93. 의지가 약한 편이다. ···( )( )

94. 다른 사람이 하는 일에 별로 관심이 없다. ···( )( )

95. 사람을 설득시키는 것은 어렵지 않다. ···( )( )

96. 심심한 것을 못 참는다. ···( )( )

97. 다른 사람을 욕한 적이 한 번도 없다. ···( )( )

98. 다른 사람에게 어떻게 보일지 신경을 쓴다. ···( )( )

99. 금방 낙심하는 편이다. ···( )( )

100. 다른 사람에게 의존하는 경향이 있다. ···( )( )

101. 그다지 융통성이 있는 편이 아니다. ···( )( )

102. 다른 사람이 내 의견에 간섭하는 것이 싫다. ···( )( )

103. 대체로 낙천적인 편이다. ···( )( )

104. 숙제를 잊어버린 적이 한 번도 없다. ···( )( )

105. 밤길에는 발소리가 들리기만 해도 불안하다. ···( )( )

106. 상냥하다는 말을 들은 적이 있다. ···( )( )

107. 자신은 유치한 사람이다. ···( )( )

108. 잡담을 하는 것보다 책을 읽는 게 낫다. ···( )( )

109. 나는 영업에 적합한 타입이라고 생각한다. ···( )( )

110. 술자리에서 술을 마시지 않아도 흥을 돋울 수 있다. ···( )( )

111. 한 번도 병원에 간 적이 없다. ···( )( )

112. 나쁜 일은 걱정이 되어서 어쩔 줄을 모른다. ···( )( )

113. 금세 무기력해지는 편이다. ··( )( )

114. 비교적 고분고분한 편이라고 생각한다. ····································( )( )

115. 독자적으로 행동하는 편이다. ···( )( )

116. 적극적으로 행동하는 편이다. ···( )( )

117. 금방 감격하는 편이다. ··( )( )

118. 어떤 것에 대해서는 불만을 가진 적이 없다. ··························( )( )

119. 걱정으로 밤에 못 잘 때가 많다. ··( )( )

120. 자주 후회하는 편이다. ··( )( )

121. 쉽게 학습하지만 쉽게 잊어버린다. ···( )( )

122. 자신만의 세계를 가지고 있다. ···( )( )

123. 많은 사람 앞에서도 긴장하지 않는다. ····································( )( )

124. 말하는 것을 아주 좋아한다. ···( )( )

125. 인생을 포기하는 마음을 가진 적이 한 번도 없다. ··················( )( )

126. 규칙에 대해 드러나게 반발하기보다 속으로 반발한다. ············( )( )

127. 금방 반성한다. ··( )( )

128. 활동범위가 좁아 가던 곳만 고집한다. ····································( )( )

129. 나는 끈기가 다소 부족하다. ···( )( )

130. 좋다고 생각하더라도 좀 더 검토하고 나서 실행한다. ·············( )( )

131. 위대한 인물이 되고 싶다. ···( )( )

132. 한 번에 많은 일을 떠맡아도 힘들지 않다. ······························( )( )

133. 사람과 약속은 부담스럽다. ···( )( )

134. 질문을 받으면 충분히 생각하고 나서 대답하는 편이다. ············( )( )

135. 머리를 쓰는 것보다 땀을 흘리는 일이 좋다. ··························( )( )

136. 결정한 것에는 철저히 구속받는다. ···( )( )

137. 외출 시 문을 잠갔는지 몇 번을 확인한다. ·····························( )( )

138. 이왕 할 거라면 일등이 되고 싶다. ···( )( )

139. 과감하게 도전하는 타입이다. ···( )( )

140. 자신은 사교적이 아니라고 생각한다. ······································( )( )

141. 무심코 도리에 대해서 말하고 싶어진다. ·································( )( )

142. '항상 건강하네요'라는 말을 듣는다. ··( )( )

143. 단념하기보다 실패하는 것이 낫다고 생각한다. ································( )( )

144. 예상하지 못한 일은 하고 싶지 않다. ····································( )( )

145. 파란만장하더라도 성공하는 인생을 살고 싶다. ························( )( )

146. 활기찬 편이라고 생각한다. ···( )( )

147. 자신의 성격으로 고민한 적이 있다. ····································( )( )

148. 무심코 사람들을 평가 한다. ··( )( )

149. 때때로 성급하다고 생각한다. ···( )( )

150. 자신은 꾸준히 노력하는 타입이라고 생각한다. ······················( )( )

151. 터무니없는 생각이라도 메모한다. ······································( )( )

152. 리더십이 있는 사람이 되고 싶다. ······································( )( )

153. 열정적인 사람이라고 생각한다. ··( )( )

154. 다른 사람 앞에서 이야기를 하는 것이 조심스럽다. ··················( )( )

155. 세심하기보다 통찰력이 있는 편이다. ··································( )( )

156. 엉덩이가 가벼운 편이다. ···( )( )

157. 여러 가지로 구애받는 것을 견디지 못한다. ·························( )( )

158. 돌다리도 두들겨 보고 건너는 쪽이 좋다. ·····························( )( )

159. 자신에게는 권력욕이 있다. ··( )( )

160. 자신의 능력보다 과중한 업무를 할당받으면 기쁘다. ················( )( )

161. 사색적인 사람이라고 생각한다. ··( )( )

162. 비교적 개혁적이다. ··( )( )

163. 좋고 싫음으로 정할 때가 많다. ··( )( )

164. 전통에 얽매인 습관은 버리는 것이 적절하다. ·······················( )( )

165. 교제 범위가 좁은 편이다. ···( )( )

166. 발상의 전환을 할 수 있는 타입이라고 생각한다. ···················( )( )

167. 주관적인 판단으로 실수한 적이 있다. ·································( )( )

168. 현실적이고 실용적인 면을 추구한다. ··································( )( )

169. 타고난 능력에 의존하는 편이다. ······································( )( )

170. 다른 사람을 의식하여 외모에 신경을 쓴다. ·························( )( )

171. 마음이 담겨 있으면 선물은 아무 것이나 좋다. ······················( )( )

172. 여행은 내 마음대로 하는 것이 좋다. ··································( )( )

173. 추상적인 일에 관심이 있는 편이다. ┄┄┄┄┄┄┄┄┄┄┄┄┄┄┄┄┄┄┄┄┄┄┄┄┄┄┄┄┄┄( )( )

174. 큰 일을 먼저 결정하고 세세한 일을 나중에 결정하는 편이다. ┄┄┄┄┄┄┄┄┄( )( )

175. 괴로워하는 사람을 보면 답답하다. ┄┄┄┄┄┄┄┄┄┄┄┄┄┄┄┄┄┄┄┄┄┄┄┄┄┄┄┄┄┄( )( )

176. 자신의 가치기준을 알아주는 사람은 아무도 없다. ┄┄┄┄┄┄┄┄┄┄┄┄┄┄┄┄┄( )( )

177. 인간성이 없는 사람과는 함께 일할 수 없다. ┄┄┄┄┄┄┄┄┄┄┄┄┄┄┄┄┄┄┄┄┄( )( )

178. 상상력이 풍부한 편이라고 생각한다. ┄┄┄┄┄┄┄┄┄┄┄┄┄┄┄┄┄┄┄┄┄┄┄┄┄┄┄┄( )( )

179. 의리, 인정이 두터운 상사를 만나고 싶다. ┄┄┄┄┄┄┄┄┄┄┄┄┄┄┄┄┄┄┄┄┄┄( )( )

180. 인생은 앞날을 알 수 없어 재미있다. ┄┄┄┄┄┄┄┄┄┄┄┄┄┄┄┄┄┄┄┄┄┄┄┄┄┄┄┄( )( )

181. 조직에서 분위기 메이커다. ┄┄┄┄┄┄┄┄┄┄┄┄┄┄┄┄┄┄┄┄┄┄┄┄┄┄┄┄┄┄┄┄┄┄( )( )

182. 반성하는 시간에 차라리 실수를 만회할 방법을 구상한다. ┄┄┄┄┄┄┄┄┄( )( )

183. 늘 하던 방식대로 일을 처리해야 마음이 편하다. ┄┄┄┄┄┄┄┄┄┄┄┄┄┄┄┄( )( )

184. 쉽게 이룰 수 있는 일에는 흥미를 느끼지 못한다. ┄┄┄┄┄┄┄┄┄┄┄┄┄┄┄┄( )( )

185. 좋다고 생각하면 바로 행동한다. ┄┄┄┄┄┄┄┄┄┄┄┄┄┄┄┄┄┄┄┄┄┄┄┄┄┄┄┄┄┄( )( )

186. 후배들은 무섭게 가르쳐야 따라온다. ┄┄┄┄┄┄┄┄┄┄┄┄┄┄┄┄┄┄┄┄┄┄┄┄┄┄( )( )

187. 한 번에 많은 일을 떠맡는 것이 부담스럽다. ┄┄┄┄┄┄┄┄┄┄┄┄┄┄┄┄┄┄┄( )( )

188. 능력 없는 상사라도 진급을 위해 아부할 수 있다. ┄┄┄┄┄┄┄┄┄┄┄┄┄┄┄( )( )

189. 질문을 받으면 그때의 느낌으로 대답하는 편이다. ┄┄┄┄┄┄┄┄┄┄┄┄┄┄┄( )( )

190. 땀을 흘리는 것보다 머리를 쓰는 일이 좋다. ┄┄┄┄┄┄┄┄┄┄┄┄┄┄┄┄┄┄┄( )( )

191. 단체 규칙에 그다지 구속받지 않는다. ┄┄┄┄┄┄┄┄┄┄┄┄┄┄┄┄┄┄┄┄┄┄┄┄┄( )( )

192. 물건을 자주 잃어버리는 편이다. ┄┄┄┄┄┄┄┄┄┄┄┄┄┄┄┄┄┄┄┄┄┄┄┄┄┄┄┄┄┄( )( )

193. 불만이 생기면 즉시 말해야 한다. ┄┄┄┄┄┄┄┄┄┄┄┄┄┄┄┄┄┄┄┄┄┄┄┄┄┄┄┄┄( )( )

194. 안전한 방법을 고르는 타입이다. ┄┄┄┄┄┄┄┄┄┄┄┄┄┄┄┄┄┄┄┄┄┄┄┄┄┄┄┄┄┄( )( )

195. 사교성이 많은 사람을 보면 부럽다. ┄┄┄┄┄┄┄┄┄┄┄┄┄┄┄┄┄┄┄┄┄┄┄┄┄┄( )( )

196. 성격이 급한 편이다. ┄┄┄┄┄┄┄┄┄┄┄┄┄┄┄┄┄┄┄┄┄┄┄┄┄┄┄┄┄┄┄┄┄┄┄┄┄┄( )( )

197. 갑자기 중요한 프로젝트가 생기면 혼자서라도 야근할 수 있다. ┄┄┄┄┄( )( )

198. 내 인생에 절대로 포기하는 경우는 없다. ┄┄┄┄┄┄┄┄┄┄┄┄┄┄┄┄┄┄┄┄┄┄( )( )

199. 예상하지 못한 일도 해보고 싶다. ┄┄┄┄┄┄┄┄┄┄┄┄┄┄┄┄┄┄┄┄┄┄┄┄┄┄┄┄┄( )( )

200. 평범하고 평온하게 행복한 인생을 살고 싶다. ┄┄┄┄┄┄┄┄┄┄┄┄┄┄┄┄┄┄( )( )

201. 상사의 부정을 눈감아 줄 수 있다. ┄┄┄┄┄┄┄┄┄┄┄┄┄┄┄┄┄┄┄┄┄┄┄┄┄┄┄( )( )

202. 자신은 소극적이라고 생각하지 않는다. ┄┄┄┄┄┄┄┄┄┄┄┄┄┄┄┄┄┄┄┄┄┄┄( )( )

203. 이것저것 평하는 것이 싫다. ··( )( )

204. 자신은 꼼꼼한 편이라고 생각한다. ··( )( )

205. 꾸준히 노력하는 것을 잘 하지 못한다. ··( )( )

206. 내일의 계획이 이미 머릿속에 계획되어 있다. ····························( )( )

207. 협동성이 있는 사람이 되고 싶다. ··( )( )

208. 동료보다 돋보이고 싶다. ··( )( )

209. 다른 사람 앞에서 이야기를 잘한다. ··( )( )

210. 실행력이 있는 편이다. ···( )( )

211. 계획을 세워야만 실천할 수 있다. ··( )( )

212. 누구라도 나에게 싫은 소리를 하는 것은 듣기 싫다. ····················( )( )

213. 생각으로 끝나는 일이 많다. ···( )( )

214. 피곤하더라도 웃으며 일하는 편이다. ··( )( )

215. 과중한 업무를 할당받으면 포기해버린다. ····································( )( )

216. 상사가 지시한 일이 부당하면 업무를 하더라도 불만을 토로한다. ·( )( )

217. 또래에 비해 보수적이다. ···( )( )

218. 자신에게 손해인지 이익인지를 생각하여 결정할 때가 많다. ·········( )( )

219. 전통적인 방식이 가장 좋은 방식이라고 생각한다. ·······················( )( )

220. 때로는 친구들이 너무 많아 부담스럽다. ······································( )( )

221. 상식적인 판단을 할 수 있는 타입이라고 생각한다. ·····················( )( )

222. 너무 객관적이라는 평가를 받는다. ··( )( )

223. 안정적인 방법보다는 위험성이 높더라도 높은 이익을 추구한다. ···( )( )

224. 타인의 아이디어를 도용하여 내 아이디어처럼 꾸민 적이 있다. ·····( )( )

225. 조직에서 돋보이기 위해 준비하는 것이 있다. ·····························( )( )

226. 선물은 상대방에게 필요한 것을 사줘야 한다. ·····························( )( )

227. 나무보다 숲을 보는 것에 소질이 있다. ·······································( )( )

228. 때때로 자신을 지나치게 비하하기도 한다. ··································( )( )

229. 조직에서 있는 듯 없는 듯 한 존재이다. ······································( )( )

230. 다른 일을 제쳐두고 한 가지 일에 몰두한 적이 있다. ··················( )( )

231. 가끔 다음 날 지장이 생길 만큼 술을 마신다. ·····························( )( )

232. 또래보다 개방적이다. ···( )( )

233. 사실 돈이면 안 될 것이 없다고 생각한다. ··( )( )

234. 능력이 없더라도 공평하고 공적인 상사를 만나고 싶다. ···( )( )

235. 사람들이 자신을 비웃는다고 종종 여긴다. ···( )( )

236. 내가 먼저 적극적으로 사람들과 관계를 맺는다. ···( )( )

237. 모임을 스스로 만들기보다 이끌려가는 것이 편하다. ···( )( )

238. 몸을 움직이는 것을 좋아하지 않는다. ···( )( )

239. 꾸준한 취미를 갖고 있다. ···( )( )

240. 때때로 나는 경솔한 편이라고 생각한다. ···( )( )

241. 때로는 목표를 세우는 것이 무의미하다고 생각한다. ···( )( )

242. 어떠한 일을 시작하는데 많은 시간이 걸린다. ···( )( )

243. 초면인 사람과도 바로 친해질 수 있다. ···( )( )

244. 일단 행동하고 나서 생각하는 편이다. ···( )( )

245. 쉬는 날은 집에 있는 경우가 많다. ···( )( )

246. 마무리를 짓지 못해 포기하는 경우가 많다. ···( )( )

247. 여행은 계획 없이 떠나는 것을 좋아한다. ···( )( )

248. 욕심이 없는 편이라고 생각한다. ··( )( )

249. 성급한 결정으로 후회한 적이 있다. ··( )( )

250. 많은 사람들과 와자지껄하게 식사하는 것을 좋아한다. ···( )( )

251. 이유 없이 불안할 때가 종종 있다. ···( )( )

252. 주위 사람이 상처받는 것을 고려해 발언을 자제할 때가 있다. ··································( )( )

253. 자존심이 강한 편이다. ···( )( )

254. 생각 없이 함부로 말하는 사람을 보면 불편하다. ···( )( )

255. 취미생활을 서너 개는 갖고 있다. ··( )( )

256. 거짓말을 한 적이 한 번도 없다. ··( )( )

257. 경쟁사라도 많은 연봉을 주면 옮길 수 있다. ···( )( )

258. 자신은 충분히 신뢰할만한 사람이라고 생각한다. ···( )( )

259. 좋고 싫음이 얼굴에 분명히 드러난다. ··( )( )

260. 자신만이 할 수 있는 일을 하고 싶다. ··( )( )

261. 자신을 과소평가하는 경향이 있다. ···( )( )

262. 책상 위나 서랍 안은 항상 깔끔히 정리해야 직성이 풀린다. ·····································( )( )

263. 건성으로 일을 할 때가 때때로 있다. ……………………………………………………(　)(　)

264. 남의 험담을 한 적이 있다. ……………………………………………………………(　)(　)

265. 쉽게 화를 낸다는 말을 듣는다. ………………………………………………………(　)(　)

266. 초초하면 손을 떨고, 심장박동이 빨라진다. …………………………………………(　)(　)

267. 토론에서는 진 적이 한 번도 없다. ……………………………………………………(　)(　)

268. 나보다 나이가 많은 사람을 대하는 것이 불편하다. ……………………………(　)(　)

269. 의심이 많은 편이다. ……………………………………………………………………(　)(　)

270. 주변 사람이 자기 험담을 하고 있다고 생각할 때가 있다. ………………………(　)(　)

271. 이론만 내세우는 사람이라는 평가를 받는다. …………………………………………(　)(　)

272. 실패보다 성공을 먼저 생각한다. ………………………………………………………(　)(　)

273. 자신에 대한 자부심이 강한 편이다. …………………………………………………(　)(　)

274. 주변 사람이 피곤해 하여도 자신은 원기왕성하다. …………………………………(　)(　)

275. 친구를 재미있게 하는 것을 좋아한다. ………………………………………………(　)(　)

276. 아침부터 아무것도 하고 싶지 않을 때가 있다. ………………………………………(　)(　)

277. 지각을 하면 학교를 결석하고 싶어졌다. ……………………………………………(　)(　)

278. 이 세상에 없는 세계가 존재한다고 생각한다. ………………………………………(　)(　)

279. 하기 싫은 것을 하고 있으면 무심코 불만을 말한다. ………………………………(　)(　)

280. 동료와의 경쟁심으로 불법을 저지른 적이 있다. ……………………………………(　)(　)

281. 자신을 배신한 사람에게는 반드시 복수한다. ………………………………………(　)(　)

292. 오히려 고된 일을 헤쳐 나가는데 자신이 있다. ………………………………………(　)(　)

293. 착한 사람이라는 말을 들을 때가 많다. ………………………………………………(　)(　)

294. 업무적인 능력으로 칭찬 받을 때가 자주 있다. ………………………………………(　)(　)

295. 개성적인 사람이라는 말을 자주 듣는다. ……………………………………………(　)(　)

296. 누구와도 편하게 대화할 수 있다. ……………………………………………………(　)(　)

297. 나보다 나이가 많은 사람들하고도 격의 없이 지낸다. ……………………………(　)(　)

298. 사물의 근원과 배경에 대해 관심이 많다. ……………………………………………(　)(　)

299. 쉬는 것보다 일하는 것이 편하다. ……………………………………………………(　)(　)

300. 계획하는 시간에 직접 행동하는 것이 효율적이다. …………………………………(　)(　)

03 UK TEST

1 UK검사(Uchida – Kraepelin TEST)

UK검사란 Uchida Kraepelin 정신작업 검사로 일정한 조건 아래 단순한 작업을 시키고 나서 그 작업량의 패턴에서 인격을 파악하려고 하는 것이다.

① UK검사는 1~9까지의 숫자를 나열하고 앞과 뒤의 더한 수의 일의 자리 수를 기록하는 방법으로 진행된다. 예를 들어 1 2 3 4 5 6 … 이란 숫자의 나열이 있을 때 $1 + 2 = 3$이면 3을 1과 2 사이에 기록하고 $5 + 6 = 11$은 일의 자리 수, 즉 1을 5와 6 사이에 기록한다.

예

2	5	7	8	5	1	9	5	8	7	2	6	4	7	1
7	2	5	3	6	0	4	3	5	9	8	0	1	8	

② 각 행마다 1분이 주어지며 1분이 지나면 다음 행으로 넘어가는 방식으로 진행된다. 시험 시작 전에 2분간 연습이 주어지고 전반부 15분, 휴식 5분, 후반부 15분으로 진행된다. 시간은 시행하는 곳마다 다를 수 있고 결과의 판단은 각 행의 마지막 계산이 있던 곳에 작업량 곡선을 표기하고 오답을 검사한다고 한다.

2 Kraepelin 작업 5요인설

Kraepelin은 연속 덧셈의 결과 곡선을 다음과 같은 5가지 요소에 의거해 진단하였다.

① **추동(drive)** : 처음 시작할 때 과도하게 진행하는 것을 의미한다. 도입부이므로 의욕도 높고 피로도도 적어서 작업량이 많다.

② **흥분(excitement)** : 흥분 정도에 따라서 곡선의 기복이 나타난다.

③ **경험(experience)** : 학습 효과로 인해 어떻게 하는 건지 익혔음이 곡선에 보인다.

④ **피로(fatigue)** : 시간이 갈수록 지치고 반복에 의해 집중력이 떨어지므로 작업량이 줄어든다.

⑤ **연습(practice)** : 횟수를 거듭할수록 익숙해져서 작업량이 증가한다. 후반부에는 연습과 피로 효과가 동시에 일어난다.

3 UK검사로 측정되는 것

① 능력 : 일정 시간 동안 주어진 일을 수행할 수 있는 능력의 측정

② 흥미 : 일정 시간 동안 주어진 일에 대해 보이는 흥미의 정도(변덕스러움)를 측정

③ 성격 : 대상자가 나타내는 일관적인 기질(끈기 등)을 확인

4 일반적인 작업 곡선

① 전반, 후반 모두 처음 1분의 작업량이 많다.

② 대체적으로 2분 이후 작업이 저하되었다가 다시 많아진다.

③ 대체적으로 전기보다 후기의 작업량이 많다(휴식효과).

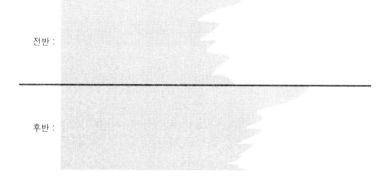

전반 :

후반 :

5 비정상인의 작업곡선

① 초두노력 부족 : 전반, 후반 모두 처음 1분간의 작업량이 눈에 띄게 높지 않다.

② 휴식효과 부족 : 중간에 5분 쉬었는데도 후반의 전체적인 작업량이 증가하지 않는다.

③ 작업량이 일정하지 않음 : 각 행 사이의 작업량이 많고 적음의 차가 극단적이다.

④ 긴장하지 않음 : 작업량이 월등히 적고 아래 행으로 갈수록 작업량이 계속 줄어든다.

⑤ 비정상자 : 오답이 너무 많다.

6 연습문제

(1) 전반부

```
5 7 8 4 2 3 6 1 8 9 7 2 1 7 8 9 5 7 8 5 1 8 4 5 6 9 2 3 8
2 8 6 2 4 3 2 4 8 1 9 4 6 5 3 2 1 4 8 4 3 7 1 8 2 5 2 5 8
4 2 5 8 9 1 7 5 3 6 4 8 9 5 2 3 4 1 2 4 9 1 8 2 4 6 1 2 3
2 8 9 5 7 2 6 5 2 7 5 1 6 8 5 4 6 1 2 7 4 5 2 8 6 8 7 5 7
1 3 3 6 1 8 9 7 2 1 3 7 8 5 7 8 4 2 7 5 8 2 3 4 7 1 2 1 5
3 2 4 1 5 9 4 2 2 7 5 4 6 9 1 8 2 4 7 6 7 8 1 2 8 9 5 9 5
5 9 5 4 7 5 3 2 7 1 4 6 4 7 8 4 9 1 5 3 2 4 5 8 5 2 1 3 2
4 4 3 9 5 3 1 1 2 7 8 2 5 8 3 9 4 6 7 5 1 2 8 9 7 3 5 8 4
2 8 5 6 7 1 5 5 3 7 4 7 8 5 9 1 2 6 2 9 6 2 5 6 6 7 4 1 5
1 5 8 3 7 2 4 3 7 4 5 6 9 8 7 1 2 3 5 4 6 8 8 5 3 1 3 1 2
2 3 8 4 6 7 9 5 2 9 5 1 3 7 4 5 1 7 8 5 9 8 2 3 4 1 5 5 7
2 5 5 7 4 9 5 9 5 2 3 5 6 4 6 7 4 6 9 8 5 2 5 3 1 5 6 7 9
2 5 4 7 5 9 6 1 3 8 5 2 1 7 9 8 5 1 2 4 6 3 2 8 2 5 2 5 9
3 1 3 8 9 4 2 7 9 2 8 1 3 5 6 7 3 2 6 7 1 8 2 1 2 1 6 2 4
8 5 8 1 4 7 3 5 6 4 2 9 2 8 2 5 2 1 8 9 5 6 3 7 8 9 1 5 2
2 2 7 8 9 5 5 9 6 3 7 2 5 8 7 9 2 3 6 1 5 7 5 4 6 3 6 2 3
5 3 6 9 1 5 7 9 8 5 2 2 8 6 4 8 6 5 2 3 5 9 5 7 1 5 3 7 1
```

(2) 후반부

```
5 7 8 5 1 8 4 5 6 9 2 3 8 2 8 6 2 4 3 2 4 8 1 9 4 6 5 3 5
6 7 9 5 2 9 5 1 3 7 4 5 1 7 8 5 9 4 2 5 8 9 1 7 5 3 6 2 4
2 1 4 8 4 3 7 1 8 2 5 2 4 8 4 3 7 4 5 6 9 8 7 1 2 3 5 4 1
9 5 2 3 4 1 2 4 9 1 8 2 4 6 1 2 3 2 1 6 4 6 7 4 6 3 6 1 9
8 9 7 2 1 7 8 9 5 7 8 8 5 4 6 1 2 7 4 5 2 8 6 8 7 5 7 5 8
1 5 5 3 7 4 7 8 5 9 1 1 5 8 6 1 3 3 7 1 2 1 5 2 4 1 5 5 3
9 4 2 2 7 5 4 6 9 1 8 2 4 7 6 7 8 1 2 8 9 5 9 5 6 8 4 3 1
3 5 6 1 8 9 7 5 8 2 3 4 5 9 5 4 7 5 3 2 7 1 4 6 4 7 8 4 6
1 9 1 5 3 2 4 5 8 5 2 1 3 2 4 4 3 9 5 3 1 1 4 2 5 5 7 4 8
2 9 5 9 5 2 2 7 8 2 5 8 3 9 4 6 7 5 1 2 8 9 7 3 5 8 4 6 5
2 8 5 6 7 2 9 6 2 5 6 6 7 4 1 5 2 9 8 5 2 5 3 1 5 8 3 7 2
3 6 8 8 5 3 1 3 1 2 2 1 3 7 8 5 7 8 4 2 7 2 3 8 4 8 2 3 1
3 2 8 2 5 2 5 8 1 9 7 5 2 6 3 4 3 6 7 9 5 8 9 3 4 1 7 3 5
3 1 2 1 2 1 2 8 9 2 3 1 4 7 4 5 5 8 9 2 8 3 5 4 9 2 1 7 3
2 5 2 1 8 9 5 6 3 7 8 9 2 8 3 6 1 4 5 1 5 7 6 9 8 2 5 1 4
1 3 6 1 5 7 5 4 6 3 2 2 7 8 9 5 5 9 6 3 7 2 5 8 7 9 3 9 2
5 2 2 8 6 4 8 6 5 2 3 5 9 5 7 1 5 5 3 6 9 1 5 7 9 8 1 5 3
```

Q1. 위쪽의 W모양이 오른쪽에 치우친 경우

A1. '끈기가 다소 부족함'으로 판단될 수 있다. 휴식시간을 갖고 반복되는 문제를 풀다보면 속도에 탄력이 붙을 텐데 위쪽 W가 오른쪽에 치우쳤다는 것을 '시간이 지날수록 작업량은 줄었다'는 것을 의미한다.

Q2. (역)피라미드 모양

A2. 피라미드는 긴장, 역피라미드는 긴장 및 피로를 나타낸다.

Q3. W모양을 만들기 위해서는?

A3. 억지로 W모양을 만들 필요는 없다. 이미 정해놓은 패턴이 있기 때문에 일부러 만든다면 허위 답변으로 간주된다.

Q4. 채용부적합을 받는 경우

A4. 문제 수가 기준에 미달되는 경우, 패턴이 일정하지 않은 경우에 채용부적합 판정을 받을 수 있다.

PART 분석

- 면접 전 알아두어야 할 면접관의 주요 평가 항목 및 면접 과정 등 면접 전반에 관한 내용으로 구성되었다.
- 삼성그룹 면접 기출을 포함한 최신 면접기출 유형이 수록되었다.

면접

면접의 기본

1 면접의 의의 및 종류

(1) 면접의 기본 원칙

① **면접의 의미** … 면접이란 다양한 면접기법을 활용하여 지원한 직무에 필요한 능력을 지원자가 보유하고 있는지를 확인하는 절차라고 할 수 있다. 즉, 지원자의 입장에서는 채용 직무수행에 필요한 요건들과 관련하여 자신의 환경, 경험, 관심사, 성취 등에 대해 기업에 직접 어필할 수 있는 기회를 제공받는 것이며, 기업의 입장에서는 서류전형만으로 알 수 없는 지원자에 대한 정보를 직접적으로 수집하고 평가하는 것이다.

② **면접의 특징** … 면접은 기업의 입장에서 서류전형이나 필기전형에서 드러나지 않는 지원자의 능력이나 성향을 볼 수 있는 기회로, 면대면으로 이루어지며 즉흥적인 질문들이 포함될 수 있기 때문에 지원자가 완벽하게 준비하기 어려운 부분이 있다. 하지만 지원자 입장에서도 서류·필기전형에서 모두 보여주지 못한 자신의 능력 등을 기업의 인사담당자에게 어필할 수 있는 추가적인 기회가 될 수도 있다.

[서류·필기전형과 차별화되는 면접의 특징]

- 직무수행과 관련된 다양한 지원자 행동에 대한 관찰이 가능하다.
- 면접관이 알고자 하는 정보를 심층적으로 파악할 수 있다.
- 서류상의 미비한 사항과 의심스러운 부분을 확인할 수 있다.
- 커뮤니케이션 능력, 대인관계 능력 등 행동·언어적 정보도 얻을 수 있다.
- 인성검사 결과 진위성을 판단할 수 있다.

③ **면접의 유형**

　㉠ 구조화 면접
- 사전에 계획을 세워 질문의 내용과 방법, 지원자의 답변 유형에 따른 추가 질문과 그에 대한 평가 역량이 정해져 있는 면접 방식으로 표준화 면접이라고도 한다.
- 표준화된 질문이나 평가요소가 면접 전 확정되며, 지원자는 편성된 조나 면접관에 영향을 받지 않고 동일한 질문과 시간을 부여받을 수 있다.
- 조직 또는 직무별로 주요하게 도출된 역량을 기반으로 평가요소가 구성되어, 조직 또는 직무에서 필요한 역량을 가진 지원자를 선발할 수 있다.
- 표준화된 형식을 사용하는 특성 때문에 비구조화 면접에 비해 신뢰성과 타당성, 객관성이 높다.

　㉡ 비구조화 면접

- 면접 계획을 세울 때 면접 목적만을 명시하고 내용이나 방법은 면접관에게 전적으로 일임하는 방식으로 비표준화 면접이라고도 한다.
- 표준화된 질문이나 평가요소 없이 면접이 진행되며, 편성된 조나 면접관에 따라 지원자에게 주어지는 질문이나 시간이 다르다.
- 면접관의 주관적인 판단에 따라 평가가 이루어져 평가 오류가 빈번히 일어난다.
- 상황 대처나 언변이 뛰어난 지원자에게 유리한 면접이 될 수 있다.

④ 경쟁력 있는 면접 요령

㉠ 면접 전에 준비하고 유념할 사항
- 예상 질문과 답변을 미리 작성한다.
- 작성한 내용을 문장으로 외우지 않고 키워드로 기억한다.
- 지원한 회사의 최근 기사를 검색하여 기억한다.
- 면접 전 1주일간 이슈가 되는 뉴스를 기억하고 자신의 생각을 반영하여 정리한다.

㉡ 면접장에서 유념할 사항
- 답변을 할 때에는 **질문 의도를 파악**하고 그에 충실한 답변이 될 수 있도록 질문사항을 유념해야 한다. 많은 지원자가 하는 실수 중 하나로 답변을 하는 도중 자기 말에 심취되어 질문의 의도와 다른 답변을 하거나 자신이 알고 있는 지식만을 나열하는 경우가 있는데, 이럴 경우 의사소통능력이 부족한 사람으로 인식될 수 있으므로 주의하도록 한다.
- 답변을 할 때에는 **두괄식으로 결론을 먼저 말하고 그 이유를 설명**하는 것이 좋다. 미괄식으로 답변을 할 경우 용두사미의 답변이 될 가능성이 높으며, 결론을 이끌어 내는 과정에서 논리성이 결여될 우려가 있다. 또한 면접관이 결론을 듣기 전에 말을 끊고 다른 질문을 추가하는 예상치 못한 상황이 발생될 수 있으므로 답변은 자신이 전달하고자 하는 바를 먼저 밝히고 그에 대한 설명을 하는 것이 좋다.
- **회사가 원하는 인재라는 인상을 심어주기 위해 지원한 회사의 기업정신과 인재상 등을 염두에 두고 답변을 하는 것이 좋다.** 모든 회사에 해당되는 두루뭉술한 답변보다는 지원한 회사에 맞는 맞춤형 답변을 하는 것이 좋다.
- 답변을 할 때에는 **자기중심적인 관점을 피하고 좀 더 넓은 시각으로 회사와 국가, 사회적 입장까지 고려하는 인재임을 어필**하는 것이 좋다. 자기중심적 시각을 바탕으로 자신의 출세만을 위해 회사에 입사하려는 인상을 심어줄 경우 면접에서 불이익을 받을 가능성이 높다.
- 난처한 질문에 답변을 해야 할 때에는 피하기보다는 정면 돌파로 정직하고 솔직하게 답변하는 것이 좋다. 난처한 부분을 감추고 드러내지 않으려 회피하려는 지원자의 모습은 인사담당자에게 입사 후에도 비슷한 상황에 처했을 때 회피할 수도 있다는 우려를 심어줄 수 있다. 따라서 직장생활에 있어 중요한 덕목 중 하나인 **정직**을 바탕으로 솔직하게 답변을 하도록 한다.

(2) 면접의 종류 및 준비 전략

① 인성면접

　㉠ 면접 방식 및 판단기준

　　• 면접 방식 : 인성면접은 면접관이 가지고 있는 개인적 면접 노하우나 관심사에 의해 질문을 실시한다. 주로 입사지원서나 자기소개서의 내용을 토대로 지원동기, 과거의 경험, 미래 포부 등을 이야기하도록 하는 방식이다.

　　• 판단기준 : 면접관의 개인적 가치관과 경험, 해당 역량의 수준, 경험의 구체성·진실성 등

　㉡ 특징 : 인성면접은 그 방식으로 인해 역량과 무관한 질문들이 많고 지원자에게 주어지는 면접질문, 시간 등이 다를 수 있다. 또한 입사지원서나 자기소개서의 내용을 토대로 하기 때문에 지원자별 질문이 달라질 수 있다.

　㉢ 준비전략 : 인성면접은 입사지원서나 자기소개서의 내용을 바탕으로 하는 경우가 많으므로 자신이 작성한 입사지원서와 자기소개서의 내용을 충분히 숙지하도록 한다. 또한 최근 사회적으로 이슈가 되고 있는 뉴스에 대한 견해를 묻거나 시사상식 등에 대한 질문을 받을 수 있으므로 이에 대한 대비도 필요하다. 자칫 부담스러워 보이지 않는 질문으로 가볍게 대답하지 않도록 주의하고 모든 질문에 입사 의지를 담아 성실하게 답변하는 것이 중요하다.

② 발표면접

　㉠ 면접 방식 및 판단 기준

　　• 면접 방식 : 지원자가 특정 주제와 관련된 자료를 검토하고 그에 대한 자신의 생각을 면접관 앞에서 주어진 시간 동안 발표하고 추가 질의를 받는 방식으로 진행된다.

　　• 판단기준 : 지원자의 사고력, 논리력, 문제해결력 등

　㉡ 특징 : 발표면접은 지원자에게 과제를 부여한 후, 과제를 수행하는 과정과 결과를 관찰·평가한다. 따라서 과제수행 결과뿐 아니라 수행과정에서의 행동을 모두 평가할 수 있다.

　㉢ 준비전략 : 발표면접의 시작은 과제 안내문과 과제 상황, 과제 자료 등을 정확하게 이해하는 것에서 출발한다. 과제 안내문을 침착하게 읽고 제시된 주제 및 문제와 관련된 상황의 맥락을 파악한 후 과제를 검토한다. 제시된 기사나 그래프 등을 충분히 활용하여 주어진 문제를 해결할 수 있는 해결책이나 대안을 제시하며, 발표를 할 때에는 명확하고 자신 있는 태도로 전달할 수 있도록 한다.

③ 토론면접

　㉠ 면접 방식 및 판단기준

　　• 면접 방식 : 상호갈등적 요소를 가진 과제 또는 공통의 과제를 해결하는 내용의 토론 과제를 제시하고, 그 과정에서 개인 간의 상호작용 행동을 관찰하는 방식으로 면접이 진행된다.

　　• 판단기준 : 팀워크, 적극성, 갈등 조정, 의사소통능력, 문제해결능력 등

　㉡ 특징 : 토론을 통해 도출해 낸 최종안의 타당성도 중요하지만, 결론을 도출해 내는 과정에서의 의사소통능력이나 갈등상황에서 의견을 조정하는 능력 등이 중요하게 평가되는 특징이 있다.

　㉢ 준비전략 : 토론면접은 무엇보다 팀워크와 적극성이 강조된다. 따라서 토론과정에 적극적으로 참여하며 자신의 의사를 분명하게 전달하며, 갈등상황에서 자신의 의견만 내세울 것이 아니라 다른 지원자의 의견을 경청하고 배려하는 모습도 중요하다. 갈등상황을 일목요연하게 정리하여 조정하는 등의 의사소통능력을 발휘하는 것도 좋은 전략이 될 수 있다.

④ 상황면접

　㉠ 면접 방식 및 판단기준

　　• 면접 방식 : 상황면접은 직무 수행 시 접할 수 있는 상황들을 제시하고, 그러한 상황에서 어떻게 행동할 것인지를 이야기하는 방식으로 진행된다.

　　• 판단기준 : 해당 상황에 적절한 역량의 구현과 구체적 행동지표

　㉡ 특징 : 실제 직무 수행 시 접할 수 있는 상황들을 제시하므로 입사 이후 지원자의 업무수행능력을 평가하는 데 적절한 면접 방식이다. 또한 지원자의 가치관, 태도, 사고방식 등의 요소를 통합적으로 평가하는 데 용이하다.

　㉢ 예시 문항 및 준비전략

　　• 예시 문항

> 당신은 생산관리팀의 팀원으로, 생산팀이 기한에 맞춰 효율적으로 제품을 생산할 수 있도록 관리하는 역할을 맡고 있습니다. 3개월 뒤에 제품A를 정상적으로 출시하기 위해 생산팀의 생산 계획을 수립한 상황입니다. 그러나 원가가 곧 실적으로 이어지는 구매팀에서는 최대한 원가를 줄여 전반적 단가를 낮추려고 원가절감을 위한 제안을 하였으나, 연구개발팀에서는 구매팀이 제안한 방식으로 제품을 생산할 경우 대부분이 구매팀의 실적으로 산정될 것이므로 제대로 확인도 해보지 않은 채 적합하지 않은 방식이라고 판단하고 있습니다. 당신은 어떻게 하겠습니까?

　　• 준비전략 : 상황면접은 먼저 주어진 상황에서 핵심이 되는 문제가 무엇인지를 파악하는 것에서 시작한다. 주질문과 세부질문을 통하여 질문의 의도를 파악하였다면, 그에 대한 구체적인 행동이나 생각 등에 대해 응답할수록 높은 점수를 얻을 수 있다.

⑤ 역할면접

　　㉠ 면접 방식 및 판단기준

　　　• 면접 방식 : 역할면접 또는 역할연기 면접은 기업 내 발생 가능한 상황에서 부딪히게 되는 문제와 역할을 가
　　　　상적으로 설정하여 특정 역할을 맡은 사람과 상호작용하고 문제를 해결해 나가도록 하는 방식으로 진행된
　　　　다. 역할연기 면접에서는 면접관이 직접 역할연기를 하면서 지원자를 관찰하기도 하지만, 역할연기 수행만
　　　　전문적으로 하는 사람을 투입할 수도 있다.

　　　• 판단기준 : 대처능력, 대인관계능력, 의사소통능력 등

　　㉡ 특징 : 역할면접은 실제 상황과 유사한 가상 상황에서의 행동을 관찰함으로서 지원자의 성격이나 대처
　　　행동 등을 관찰할 수 있다.

　　㉢ 예시 문항 및 준비전략

　　　• 예시 문항

> [금융권 역할면접의 예]
> 당신은 ○○은행의 신입 텔러이다. 사람이 많은 월말 오전 한 할아버지(면접관 또는 역할담당자)께서 ○○
> 은행을 사칭한 보이스피싱으로 500만 원을 피해 보았다며 소란을 일으키고 있다. 실제 업무상황이라고 생
> 각하고 상황에 대처해 보시오.

　　　• 준비전략 : 역할연기 면접에서 측정하는 역량은 주로 갈등의 원인이 되는 문제를 해결 하고 제시된 해결방안
　　　　을 상대방에게 설득하는 것이다. 따라서 갈등해결, 문제해결, 조정·통합, 설득력과 같은 역량이 중요시된
　　　　다. 또한 갈등을 해결하기 위해서 상대방에 대한 이해도 필수적인 요소이므로 고객 지향을 염두에 두고 상
　　　　황에 맞게 대처해야 한다. 역할면접에서는 변별력을 높이기 위해 면접관이 압박적인 분위기를 조성하는 경
　　　　우가 많기 때문에 스트레스 상황에서 불안해하지 않고 유연하게 대처할 수 있도록 시간과 노력을 들여 충분
　　　　히 연습하는 것이 좋다.

2 　면접 이미지 메이킹 포인트

(1) 인사

① 의미 : 인사는 예의범절의 기본이며 상대방의 마음을 여는 기본적인 행동이라고 할 수 있다. 인사는 처음 만나는
　면접관에게 호감을 살 수 있는 가장 쉬운 방법이 될 수 있기도 하지만 제대로 예의를 지키지 않으면 지원자의
　인성 전반에 대한 평가로 이어질 수 있으므로 각별히 주의해야 한다.

② 핵심 포인트

　　㉠ 인사말 : 인사말을 할 때에는 밝고 친근감 있는 목소리로 하며, 자신의 이름과 수험번호 등을 간략하게 소개한다.

　　㉡ 시선 : 인사는 상대방의 눈을 보며 하는 것이 중요하며 너무 빤히 쳐다본다는 느낌이 들지 않도록 주의한다.

　　㉢ 표정 : 인사는 마음에서 우러나오는 존경이나 반가움을 표현하고 예의를 차리는 것이므로 살짝 미소를 지으며 하는 것이 좋다.

　　㉣ 자세 : 인사를 할 때에는 가볍게 목만 숙인다거나 흐트러진 상태에서 인사를 하지 않도록 주의하며 절도 있고 확실하게 하는 것이 좋다.

(2) 시선처리와 표정, 목소리

① 시선처리와 표정 : 표정은 면접에서 지원자의 첫인상을 결정하는 중요한 요소이다. 얼굴 표정은 사람의 감정을 가장 잘 표현할 수 있는 의사소통 도구로, 표정 하나로 상대방에게 호감을 주거나 비호감을 사기도 한다. 면접 중에는 밝은 표정으로 미소를 지어 호감을 형성할 수 있도록 한다. 시선은 면접관과 고르게 맞추되 생기 있는 눈빛을 띄도록 한다.

② 목소리 : 면접은 주로 면접관과 지원자의 대화로 이루어지므로 목소리가 미치는 영향이 상당하다. 답변을 할 때에는 부드러우면서도 활기차고 생동감 있는 목소리로 하는 것이 면접관에게 호감을 줄 수 있으며 적당한 제스처가 더해진다면 상승 효과를 얻을 수 있다. 적절한 답변을 하였음에도 불구하고 빠른 속도, 자신감 없는 작은 목소리는 답변의 신뢰성을 떨어뜨릴 수 있으므로 주의하도록 한다.

(3) 자세

① 발바닥 전체가 닿는 느낌으로 안정감 있게 걸으며 발소리가 나지 않도록 주의한다.

② 몸 전체를 곧게 펴고 가슴을 자연스럽게 내민 후 등과 어깨에 힘을 주지 않는다.

③ 정면을 바라본 상태에서 턱을 약간 당기고 아랫배에 힘을 주어 당기며 바르게 선다.

④ 의자 깊숙이 앉고 등받이와 등 사이에 주먹 1개 정도의 간격을 두며 기대듯 앉지 않도록 주의한다.

⑤ 시선은 정면을 바라보며 어깨를 펴고, 턱은 가볍게 당기고 미소를 짓는다.

⑥ 앉고 일어날 때에는 자세가 흐트러지지 않도록 주의한다.

3 면접 예절

(1) 행동 관련 예절

① **지각은 절대 금물** : 면접장소가 결정되면 교통편과 소요시간을 확인하고 가능하다면 사전에 미리 방문해 보는 것도 좋다. 면접 당일에는 서둘러 출발하여 면접 시간 20~30분 전에 도착하여 면접장을 둘러보고 환경에 익숙해지는 것도 성공적인 면접을 위한 요령이 될 수 있다.

② **면접 대기 시간** : 지원자들은 대부분 면접장에서의 행동과 답변 등으로만 평가를 받는다고 생각하지만 그렇지 않다. 면접 대기 시간에도 행동과 말을 조심해야 하며, 면접을 마치고 돌아가는 순간까지도 긴장을 늦춰서는 안 된다. 면접 중 압박적인 질문에 답변을 잘 했지만, 면접장을 나와 흐트러진 모습을 보이거나 욕설을 한다면 면접 탈락의 요인이 될 수 있으므로 주의해야 한다.

③ **입실 후 태도** : 본인의 차례가 되어 호명되면 또렷하게 대답하고 들어간다. 문을 여닫을 때에는 소리가 나지 않게 조용히 하며 공손한 자세로 인사한 후 성명과 수험번호를 말하고 면접관의 지시에 따라 자리에 앉는다. 이 경우 착석하라는 말이 없는데 먼저 의자에 앉으면 무례한 사람으로 보일 수 있으므로 주의한다. 의자에 앉을 때에는 끝에 앉지 말고 무릎 위에 양손을 가지런히 얹는 것이 예절이라고 할 수 있다.

④ **옷매무새를 자주 고치지 말 것** : 일부 지원자의 경우 옷매무새 또는 헤어스타일을 자주 고치거나 확인하기도 하는데 이러한 모습은 과도하게 긴장한 것 같아 보이거나 면접에 집중하지 못하는 것으로 보일 수 있다.

⑤ **불필요한 행동은 면접 탈락의 지름길** : 자신도 모르게 다리를 떨거나 손가락을 만지는 등의 행동을 하는 지원자가 있는데, 이는 면접관의 주의를 끌 뿐만 아니라 불안하고 산만한 사람이라는 느낌을 주게 된다.

(2) 답변 관련 예절

① **면접관이나 다른 지원자와 가치 논쟁을 하지 않는다** : 질문을 받고 답변하는 과정에서 면접관 또는 다른 지원자의 의견과 다른 의견이 있을 수 있다. 면접에서 면접관이나 다른 지원자와 가치 논쟁을 할 필요는 없으며 오히려 불이익을 당할 수도 있다. 정답이 정해져 있지 않은 경우에는 가치관이나 성장 배경에 따라 문제를 받아들이는 태도에서 답변까지 충분히 차이가 있을 수 있으므로 굳이 면접관이나 다른 지원자의 가치관을 지적하고 고치려 드는 것은 좋지 않다.

② **답변은 항상 정직해야 한다** : 거짓말을 하게 되면 지원자는 불안하거나 꺼림칙한 마음이 들게 되어 면접에 집중을 하지 못하게 되고 수많은 지원자를 상대하는 면접관은 그것을 놓치지 않는다.

③ **경력직인 경우 전 직장에 대해 험담하지 않는다** : 지원자가 전 직장에서 무슨 업무를 담당했고 어떤 성과를 올렸는지는 면접관이 관심을 둘 사항일 수 있지만, 전 직장에 대해 험담을 늘어놓는다든가, 동료와 상사에 대한 악담을 하게 된다면 오히려 지원자에 대한 부정적인 이미지만 심어줄 수 있다.

④ **자기 자신이나 배경에 대해 자랑하지 않는다** : 자신의 성취나 부모 형제 등 집안사람들이 사회·경제적으로 어떠한 위치에 있는지에 대한 자랑은 면접관으로 하여금 지원자에 대해 오만한 사람이거나 배경에 의존하려는 나약한 사람이라는 이미지를 갖게 할 수 있다.

4 **면접 질문 및 답변 포인트**

(1) 가족 및 대인관계에 관한 질문

① 당신의 가정은 어떤 가정입니까?

> ✎ **TIP** 면접관들은 지원자의 가정환경과 성장과정을 통해 지원자의 성향을 알고 싶어 이와 같은 질문을 한다. 비록 가정 일과 사회의 일이 완전히 일치하는 것은 아니지만 '가화만사성'이라는 말이 있듯이 가정이 화목해야 사회에서도 화목하게 지낼 수 있기 때문이다. 그러므로 답변 시에는 가족사항을 정확하게 설명하고 집안의 분위기와 특징에 대해 이야기하는 것이 좋다.

② 친구 관계에 대해 말해 보십시오.

> ✎ **TIP** 지원자의 인간성을 판단하는 질문으로 교우관계를 통해 답변자의 성격과 대인관계능력을 파악할 수 있다. 새로운 환경에 적응을 잘하여 새로운 친구들이 많은 것도 좋지만, 깊고 오래 지속되어온 인간관계를 말하는 것이 더욱 바람직하다.

(2) 성격 및 가치관에 관한 질문

① 당신의 PR포인트를 말해 주십시오.

> ✎ **TIP** PR포인트를 말할 때에는 지나치게 겸손한 태도는 좋지 않으며 적극적으로 자기를 주장하는 것이 좋다. 앞으로 입사 후 하게 될 업무와 관련된 자기의 특성을 구체적인 일화를 더하여 이야기하도록 한다.

② 당신의 장·단점을 말해 보십시오.

> ✎ **TIP** 지원자의 구체적인 장·단점을 알고자 하기 보다는 지원자가 자기 자신에 대해 얼마나 알고 있으며 어느 정도의 객관적인 분석을 하고 있나, 그리고 개선의 노력 등을 시도하는지를 파악하고자 하는 것이다. 따라서 장점을 말할 때는 업무와 관련된 장점을 뒷받침할 수 있는 근거와 함께 제시하며, 단점을 이야기할 때에는 극복을 위한 노력을 반드시 포함해야 한다.

③ 가장 존경하는 사람은 누구입니까?

> ✎ **TIP** 존경하는 사람을 말하기 위해서는 우선 그 인물에 대해 알아야 한다. 잘 모르는 인물에 대해 존경한다고 말하는 것은 면접관에게 바로 지적당할 수 있으므로, 추상적이라도 좋으니 평소에 존경스럽다고 생각했던 사람에 대해 그 사람의 어떤 점이 좋고 존경스러운지 대답하도록 한다. 또한 자신에게 어떤 영향을 미쳤는지도 언급하면 좋다.

(3) 학교생활에 관한 질문

① 지금까지의 학교생활 중 가장 기억에 남는 일은 무엇입니까?

> ✎ **TIP** 가급적 직장생활에 도움이 되는 경험을 이야기하는 것이 좋다. 또한 경험만을 간단하게 말하지 말고 그 경험을 통해서 얻을 수 있었던 교훈 등을 예시와 함께 이야기하는 것이 좋으나 너무 상투적인 답변이 되지 않도록 주의해야 한다.

② 성적은 좋은 편이었습니까?

> ✎ **TIP** 면접관은 이미 서류심사를 통해 지원자의 성적을 알고 있다. 그럼에도 불구하고 이 질문을 하는 것은 지원자가 성적에 대해서 어떻게 인식하느냐를 알고자 하는 것이다. 성적이 나빴던 이유에 대해서 변명하려 하지 말고 담백하게 받아드리고 그것에 대한 개선노력을 했음을 밝히는 것이 적절하다.

(4) 지원동기 및 직업의식에 관한 질문

① 왜 우리 회사를 지원했습니까?

> ✎ **TIP** 이 질문은 어느 회사나 가장 먼저 물어보고 싶은 것으로 지원자들은 기업의 이념, 대표의 경영능력, 재무구조, 복리후생 등 외적인 부분을 설명하는 경우가 많다. 이러한 답변도 적절하지만 지원 회사의 주력 상품에 관한 소비자의 인지도, 경쟁사 제품과의 시장점유율을 비교하면서 입사동기를 설명한다면 상당히 주목 받을 수 있을 것이다.

② 만약 이번 채용에 불합격하면 어떻게 하겠습니까?

✎ **TIP** 불합격할 것을 가정하고 회사에 응시하는 지원자는 거의 없을 것이다. 이는 지원자를 궁지로 몰아넣고 어떻게 대응하는지를 살펴보며 입사 의지를 알아보려고 하는 것이다. 이 질문은 너무 깊이 들어가지 말고 침착하게 답변하는 것이 좋다.

③ 당신이 생각하는 바람직한 사원상은 무엇입니까?

✎ **TIP** 직장인으로서 또는 조직의 일원으로서의 자세를 묻는 질문으로 지원하는 회사에서 어떤 인재상을 요구하는 가를 알아두는 것이 좋으며, 평소에 자신의 생각을 미리 정리해 두어 당황하지 않도록 한다.

④ 직무상의 적성과 보수의 많음 중 어느 것을 택하겠습니까?

✎ **TIP** 이런 질문에서 회사 측에서 원하는 답변은 당연히 직무상의 적성에 비중을 둔다는 것이다. 그러나 적성만을 너무 강조하다 보면 오히려 솔직하지 못하다는 인상을 줄 수 있으므로 어느 한 쪽을 너무 강조하거나 경시하는 태도는 바람직하지 못하다.

⑤ 상사와 의견이 다를 때 어떻게 하겠습니까?

✎ **TIP** 과거와 다르게 최근에는 상사의 명령에 무조건 따르겠다는 수동적인 자세는 바람직하지 않다. 회사에서는 때에 따라 자신이 판단하고 행동할 수 있는 직원을 원하기 때문이다. 그러나 지나치게 자신의 의견만을 고집한다면 이는 팀원 간의 불화를 야기할 수 있으며 팀 체제에 악영향을 미칠 수 있으므로 선호하지 않는다는 것에 유념하여 답해야 한다.

⑥ 근무지가 지방인데 근무가 가능합니까?

✎ **TIP** 근무지가 지방 중에서도 특정 지역은 되고 다른 지역은 안 된다는 답변은 바람직하지 않다. 직장에서는 순환 근무라는 것이 있으므로 처음에 지방에서 근무를 시작했다고 해서 계속 지방에만 있는 것은 아님을 유의하고 답변하도록 한다.

(5) 여가 활용에 관한 질문

① 취미가 무엇입니까?

> ✎ **TIP** 기초적인 질문이지만 특별한 취미가 없는 지원자의 경우 대답이 애매할 수밖에 없다. 그래서 가장 많이 대답하게 되는 것이 독서, 영화감상, 혹은 음악감상 등과 같은 흔한 취미를 말하게 되는데 이런 취미는 면접관의 주의를 끌기 어려우며 설사 정말 위와 같은 취미를 가지고 있다하더라도 제대로 답변하기는 힘든 것이 사실이다. 가능하면 독특한 취미를 말하는 것이 좋으며 이제 막 시작한 것이라도 열의를 가지고 있음을 설명할 수 있으면 그것을 취미로 답변하는 것도 좋다.

(6) 지원자를 당황하게 하는 질문

① 성적이 좋지 않은데 이 정도의 성적으로 우리 회사에 입사할 수 있다고 생각합니까?

> ✎ **TIP** 비록 자신의 성적이 좋지 않더라도 이미 서류심사에 통과하여 면접에 참여하였다면 기업에서는 지원자의 성적보다 성적 이외의 요소, 즉 성격·열정 등을 높이 평가했다는 것이라고 할 수 있다. 그러나 이런 질문을 받게 되면 지원자는 당황할 수 있으나 주눅 들지 말고 침착하게 대처하는 면모를 보인다면 더 좋은 인상을 남길 수 있다.

② 우리 회사 회장님 함자를 알고 있습니까?

> ✎ **TIP** 회장이나 사장의 이름을 조사하는 것은 면접일을 통고받았을 때 이미 사전 조사되었어야 하는 사항이다. 단답형으로 이름만 말하기보다는 그 기업에 입사를 희망하는 지원자의 입장에서 답변하는 것이 좋다.

③ 당신은 이 회사에 적합하지 않은 것 같군요.

> ✎ **TIP** 이 질문은 지원자의 입장에서 상당히 곤혹스러울 수밖에 없다. 질문을 듣는 순간 그렇다면 면접은 왜 참가시킨 것인가 하는 생각이 들 수도 있다. 하지만 당황하거나 흥분하지 말고 침착하게 자신의 어떤 면이 회사에 적당하지 않는지 겸손하게 물어보고 지적당한 부분에 대해서 고치겠다는 의지를 보인다면 오히려 자신의 능력을 어필할 수 있는 기회로 사용할 수도 있다.

④ 다시 공부할 계획이 있습니까?

✎ **TIP** 이 질문은 지원자가 합격하여 직장을 다니다가 공부를 더 하기 위해 회사를 그만 두거나 학습에 더 관심을 두어 일에 대한 능률이 저하될 것을 우려하여 묻는 것이다. 이때에는 당연히 학습보다는 일을 강조해야 하며, 업무 수행에 필요한 학습이라면 업무에 지장이 없는 범위에서 야간학교를 다니거나 회사에서 제공하는 연수 프로그램 등을 활용하겠다고 답변하는 것이 적당하다.

⑤ 지원한 분야가 전공한 분야와 다른데 여기 일을 할 수 있겠습니까?

✎ **TIP** 수험생의 입장에서 본다면 지원한 분야와 전공이 다르지만 서류전형과 필기전형에 합격하여 면접을 보게 된 경우라고 할 수 있다. 이는 결국 해당 회사의 채용 방침상 전공에 크게 영향을 받지 않는다는 것이므로 무엇보다 자신이 전공하지는 않았지만 어떤 업무도 적극적으로 임할 수 있다는 자신감과 능동적인 자세를 보여주도록 노력하는 것이 좋다.

면접기출

❄ 삼성그룹 면접 기출문제

(1) 삼성전자

- 우리나라 기업문화의 장·단점에 대해 서구의 기업과 비교해 설명해 보세요.

- 존경하는 인물에 대해 자세히 설명해 보세요. 실제로 만나본 적이 있습니까?

- 삼성의 단점이 무엇이라고 생각합니까?

- 친구들이 자신에게 '이런 것만은 고쳤으면 좋겠다'하는 것이 있다면 무엇이 있습니까?

- 회사에 입사한 후 팀원과의 의견충돌이 발생하는 경우 어떻게 대처하겠습니까?

- 다른 기업에 좋은 기술이 있습니다. 만약 직속상사가 그 기업에 위장 취업을 하여 신기술을 훔쳐오라고 하면 어떻게 하겠습니까?

- 삼성과 다른 기업에 동시에 합격한다면 어디로 취직을 할 것입니까?

- 외국에서의 비즈니스 업무도 가능합니까?

- 본인은 리더형과 팔로워형 중 어디에 속합니까?

- 취미가 매우 일반적인데 실제로 어느 정도 취미생활을 합니까?

- 임원이 될 생각이 있습니까?

- 최근에 본 인문학 책은 무엇이 있습니까?

- 설비기술 직무로 일하기 위해서는 무엇이 필요하다고 생각하는가?

- 현장 친화적, 체력이 필요한데 본인은 어떤 준비가 되어 있다고 생각하는가?

- 부를 취득하는 기업은 이를 어떻게 환원하는 것이 좋다고 생각하는가?

- 스트레스를 해소하는 방법이 있다면 말해보시오.

- 자신이 살면서 저지른 가장 큰 범법 행위가 있다면 무엇인가?

- 직무에 대하여 얼마나 알고 있는지 말해보시오.

- 본인의 삶에 갖추어야 될 것이 있다면 세 가지만 말해보세요.

- 이전 직장에서 어떻게 휴가를 보냈습니까?

- 아직까지 연락하는 이전 직장 동료들이 있습니까?

- 퇴근시간이 되었는데도 상사가 퇴근하지 않는다면 어떻게 하겠습니까?

- 면접을 보고 있는 지금 어떤 심정입니까?

- 본인의 프로젝트에 따른 성과가 마땅히 없는 경우 어떻게 하겠습니까?

- 지금까지 가장 도전적이었다고 할 수 있는 경험은 무엇입니까?

- 이례적인 기후변화에 우리 기업이 할 수 있는 노력은 무엇이라고 생각합니까?

- 우리 회사와 직무에 언제부터 관심을 갖게 되었는가?

- 첫 월급을 탈 경우 가장 먼저 무엇을 할 것인가?

(2) 삼성SDI

- SDI에 지원한 이유와 입사 후 이루고 싶은 꿈을 말해보세요.

- 등산이나 수영 등 단체로 하는 활동 경험이 있나요?

- 무언가에 실패했던 경험을 말해보세요.

- 본인은 리더형에 가까운가요? 아니면 팔로워형에 가까운가요?

- 필드사고로 인한 각 기업들의 경쟁구도 변화를 말해보세요.

- 자기소개를 하세요.

- 인스타나 페이스북 같은 SNS를 잘 활용합니까?

- 만약 시간을 되돌릴 수 있다면, 어떤 일을 다시 해보고 싶은지 말해보세요.

- 뭔가에 몰입한 경험이 있습니까? 있다면 구체적으로 설명해보세요.

- 종교 활동을 하고 있습니까?

- 일요일에 근무를 해야 한다면 어떻게 할 것입니까?

- SDI가 리튬 배터리 중대형 부문에서 1위하려면 얼마나 걸릴 것 같습니까?

- 취미와 특기는 무엇입니까?

- SDI가 무슨 회사입니까?

(3) 삼성전기

- 일을 하면서 어떤 강한 모습을 보이고 어떻게 성공시켰으며 그 과정에서 무엇을 배웠습니까?

- 창의적으로 한 일은 무엇입니까?

- 만약 회사에 합격한다면 우리가 왜 뽑았을 것이라고 생각합니까?

- 글로벌 경쟁력을 높이기 위해 본인이 맡을 수 있는 역할은 무엇입니까?

- 10년 뒤에 삼성전기에서 무엇을 하고 있을 것이라 생각합니까?

- 왜 꼭 삼성전기에 들어오고 싶습니까?

- 안 받으면 하는 질문이 있습니까?

- 힘들었던 경험에 대해서 말해보세요.

- 자신의 단점에 대해 말해보세요.

- 학점이 낮은 이유는 무엇입니까?

(4) 삼성중공업

- 본인의 전공이 지원한 직무에 어떻게 사용될 수 있습니까?

- 인턴을 통해 배웠던 점과 그 회사의 장·단점을 말해보세요.

- 팀 프로젝트를 하며 체력, 의사소통, 스케줄조정 등과 같은 문제점을 어떻게 극복했었는지 말해보세요.

- 마징가Z와 태권V의 차이점을 설명해보세요.

- 감명 깊게 본 영화나 책이 있다면 설명해보세요.

- 존경하는 선생님을 한 분 뽑고 그 이유를 설명하세요.

- 본인을 표현할 수 있는 단어는 무엇입니까?

- 본인의 성과 중 어디까지가 본인의 능력이고 어디까지가 행운이라고 생각합니까?

(5) 삼성디스플레이

- 왜 삼성에 들어오고 싶습니까? 단순히 대기업이기 때문입니까?

- 장점과 단점을 말해보고 단점을 어떻게 극복했습니까?

- 다른 사람들과 협력하여 좋은 결과를 이루어 낸 적이 있습니까?

- 어느 분야에서 일하고 싶습니까?

- 휴대폰에 저장된 연락처의 개수는 몇 개입니까?

- 지원한 동기 및 장점에 대해 말해보시오.

(6) 삼성엔지니어링

- 성적이 굉장히 좋은데 대학 진학을 생각한 것입니까?

- 수강했었던 전공 과목 중에서 제일 흥미를 느꼈던 수업은 무엇입니까?

- 자신이 노력형 인재라고 생각합니까? 아니면 타고난 천재형 인재라고 생각합니까?

- 삼성엔지니어링 수처리 사업에 대해 얼마나 알고 있습니까?

- 전공과 관련 없는 엔지니어링에 지원한 이유는 무엇입니까? 본인이 채용자라면 어떤 사람을 뽑겠습니까?

- 기업의 내부고발자를 어떻게 생각하습니까?

- 본인은 성과 주의적 인간입니까, 원칙 주의적 인간입니까? 중소기업이 경쟁에서 살아남는 방법에는 무엇이 있습니까? 회사가 부조리한 일을 한다거나 당신의 가치관과 회사의 가치관이 부딪친다면 어떻게 할 생각입니까?

(7) 삼성화재

- 삼성을 포함한 기업들의 사회적 책임은 무엇이라고 생각합니까?

- 공백기간이 있는데 이 때 무엇을 하였습니까?

- 대기업과 중소기업의 관계는 어떻게 설정하는 것이 좋다고 생각합니까?

- 출구전략이 무엇인가?

- 삼성의 기업이미지는 어떤가?

- 영업직에서 가장 힘들 것 같은 점은 무엇이라 생각하는가?

- 아직까지 살아오면서 가장 힘들었던 시기는 언제이며 어떻게 극복했는가?

- 특별히 좋아하는 운동이 있는가?

- 취업을 준비할 때 누구와 가장 많은 상의를 하는가?

- 조직생활에서 가장 중요한 건 무엇이라고 생각합니까?

- 지금까지 가장 애착을 가진 집단과 이유는 무엇입니까?

가볍게! 빠르게! 확인하는 용어사전 시리즈

시사용어사전 | 경제용어사전 | 부동산용어사전

시사용어사전 1228

매일 접하는 각종 기사와 정보! 공기업/언론사/기업체/공무원 채용을 준비하는 수험생과
현대인이 꼭 알아야 할 최신 시사상식을 쏙쏙 뽑아 이해하기 쉽도록 영역별로 정리

경제용어사전 1050

주요 경제용어는 거의 다 실었다! 금융권/공기업/언론사/기업체/공무원 채용을 준비하기 전에,
경제 공부를 시작하기 전에 읽어보면 경제가 쉬워지도록 사전식으로 구성

부동산용어사전 1310

부동산에 대한 이해를 높이고 부동산의 개발과 활용, 투자 및 부동산 용어 학습에도
적극적으로 이용할 수 있는 교재, 공인중개사 출제용어도 수록

자격증

한번에 따기 위한 서원각 교재

한 권에 준비하기 시리즈 / 기출문제 정복하기 시리즈를 통해 자격증 준비하자!